생각하는 공인중개사가 생존한다!

초보부터 고수까지
위기의 부동산 중개 탈출법

생각하는 공인중개사가 생존한다!

| 김의섭 지음 |

매일경제신문사

약 20년 전에 10여 년간 다닌 회사를 그만두면서 공인중개사 시험 준비를 했다. 공인중개사 자격증만 취득하면 부동산 중개는 쉽게 할 수 있을 거라고 막연하게 생각했다. 초보 시절에 자영업의 세계를 몰라서 어리바리했던 기억이 난다. 산전수전 공중전을 겪고, 공인중개사를 위한 많은 교육을 들었으며, 한국공인중개사협회에서 회직자를 맡아서 봉사도 했다. 숱한 시행착오를 겪으면서 현재에 이르렀다. 겉보기에 공인중개사의 길은 쉬워 보인다. 필자도 그렇게 생각하고 직장을 그만두고 도전했다.

하지만 공인중개사의 길은 그리 만만하지 않았다. 많은 사람이 공인중개사는 자격증 하나만 있으면 큰 투자금이 필요 없고, 재고도 없는 수월한 자영업이라고 생각한다. 사실 나도 별다른 고민 없이 부동산 중개업소를 오픈했다. 그렇게 공인중개사 생활을 하면서 강산이 한 번 바뀌고, 두 번째 바뀌는 끝자락에 왔다.

이렇게 책까지 쓰게 될 줄은 몰랐다. 처음 공인중개사를 시작했을 때는 공인중개사들을 위한 책이나 교육이 많지 않았다. 부동산 중개는 중구난방식으로 알음알음 물어서 했다. 선배들은 조금 알고 있는 것도 노하우라고 절대 다른 사람에게 알려주지 않았다. 그 당시에는 컴퓨터를 이용해서 계약서를 작성하는 것과 먹지를 대고 수기로 작성하는 것이 공존하는 시기였다. 물건 접수는 노트에 적었고, 공동 중개 시는 친한 부동산 중개업소에 전화해서 찾는 식이었다. 그러한 과도기를 지나서 이제는 모든 공인중개사가 컴퓨터 프로그램으로 계약서를 작성하고, 거래정보망의 타 부동산 중개업소의 물건을 보고 공동 중개하는 식으로 발전했다.

기껏해야 벼룩시장에 광고하던 것을 네이버 광고를 통해서 광고하는 식으로 바뀌었다. 과거의 복덕방 시절의 부동산 중개업소는 시간 나면 화투 치고 전 부쳐 먹던 곳이었다. 현재의 부동산 중개업소는 끊임없이 온라인 마케팅을 위한 컴퓨터 작업을 하고, 고객 TM과 마케팅을 고민하는 영업으로 바뀌었다.

정부에서는 그린 뉴딜정책 10대 과제를 이야기하면서 비대면 중개 거래를 하기 위한 AR, VR 기술을 활용한 시스템을 구축해 "공인중개사 없는 부동산 중개 환경을 구축하겠다"라고 발표했다. 이는 부동산 중개가 고도의 심리전이고, 수많은 이해당사자의 갈등을 조정해야 한다는 것을 모르는 것이라는 증거다.

많은 사람이 중개 보수가 비싸다고 말하고, 이러한 정부의 정책에 찬성하고 있지만, 실제로 '공인중개사 없는 중개 환경'은 쉽게 오지 않는다고 생각한다. 대부분 고객은 적은 금액의 원룸 월세를 제외하고는 쌍방 합의에 의한 계약보다 공인중개사의 인장이 들어간 정식 계약을 선호한다. 2016년에 정부에서 전자거래 계약을 위한 시스템을 구축했지만, 실제 사용 건수는 아주 미미하다. 사람들은 직접 대면해 종이로 작성된 계약서를 선호하기 때문이다.

이 책은 기본적으로 공인중개사 업무를 새로 시작하거나 체계적인 공부가 필요한 연차가 낮은 공인중개사들을 위해서 썼다. 그리고 일반인도 공인중개사의 업무 이해를 통해서 본인의 부동산 거래와 투자 시 소중한 재산권을 지키는 데 도움이 되기를 바라는 마음으로 집필했다. 이 책을 통해서 초보 공인중개사나 공인중개사로서 어려움을 겪고 있는 사람들에게 용기와 희망을 주기를 바란다.

김의섭

| 차례 |

2장 초보 공인중개사를 위한 똑똑한 부동산 중개 노하우

3장 부동산 중개업에 성공하기 위해 꼭 필요한 영업력

4장 부자 되는 부동산 투자 방법

5장 성공적인 부동산 중개업 창업과 운영

1장

공인중개사가
알아야 할 부동산 기초

2017년부터 2년간 부천시청 민원실에서 무료법률 상담을 했다. 각계의 전문가들이 요일별로 봉사를 하는 것이다. 공인중개사는 매주 금요일 오후에 시청 민원실의 무료법률 상담실에 가서 민원인의 상담에 응한다. 한국공인중개사협회 부천시 3개 지회에서 추천받은 공인중개사 7명이 교대로 2년간 봉사활동을 했다.

　　민원인들과 상담하면서 일지를 남기게 되어 있는데, 그 당시 상담한 내용 중 일반인들이 궁금해하고 어려워하는 것을 정리해봤다. 이 장의 내용은 공인중개사라면 아주 기본적인 사항이므로, 어떤 분야에서 중개하든지 꼭 필요한 것들이라 생각하고 숙지하기를 바란다. 또한, 일반인들도 세상을 살아가기 위해 꼭 필요한 필수적인 의식주 중의 중요한 주생활인 부동산과 밀접하게 관련을 맺고 살고 있다. 상식적으로도 알고 있으면 도움이 많이 될 것으로 생각한다.

01

부동산 계약서
작성 시 주의사항

우리나라 부동산 계약서는 매매든, 임대든 1쪽이 기본이고 가끔 특약이 많아지면 2쪽이다. 거기에 요식행위인 확인·설명서 3장짜리가 첨부된다. 회사생활 할 때 3년 정도 법제부에서 근무했는데, 외국 회사와의 계약(주로 미국 회사)은 10~20쪽이 기본이다. 모든 사항을 세세하게 기록한다. 부동산 계약도 마찬가지로 미국에서는 10여 쪽 이상 된다. 하지만 우리나라에서는 계약서를 길게 쓰는 것을 좋아하지 않는다. 우리나라 부동산 계약서 내용을 보면 이렇다.

1. 부동산의 표시(주소, 지목, 토지, 건축면적, 용도 등)
2. 계약내용(총액, 계약금, 잔금, 월세 등)
3. 계약기간(임대차 시)을 쓴다.

그다음으로 일반적인 법률사항인 부동 문자(인쇄된 글자) 형태로 용도변경 및 전대, 계약의 해지, 계약의 종료, 계약의 해제, 채무 불

부동산(아파트) 매매 계약서

매도인과 매수인 쌍방은 아래 표시 부동산에 관하여 다음 계약 내용과 같이 매매계약을 체결한다.

1. 부동산의 표시

소 재 지	경기도 부천시 상동 ▒▒▒▒ 101동 501호					
토 지	지 목	대	면 적	5500 ㎡	대지권종류	
					대지권비율	5500분의20
건 물	구 조	철근콘크리트구조	용 도	아파트	면 적	59 ㎡

2. 계약내용

제1조 [목적] 위 부동산의 매매에 대하여 매도인과 매수인은 합의에 의하여 매매대금을 아래와 같이 지불하기로 한다.

매매대금	금 육억원정	(₩600,000,000)	
계 약 금	금 육천만원정	은 계약시에 지불하고 영수함 ※영수자	(인)
중 도 금	금 일억오천만원정	은 2022년 07월 21일에 지불한다	
잔 금	금 삼억구천만원정	은 2022년 09월 06일에 지불한다	

제2조 [소유권 이전 등] 매도인은 매매대금의 잔금 수령과 동시에 매수인에게 소유권 이전등기에 필요한 모든 서류를 교부하고 등기절차에 협력하여야 하며, 위 부동산의 인도일은 **2022년 09월 06일**로 한다.

제3조 [제한물권 등의 소멸] 매도인은 위 부동산에 설정된 저당권, 지상권, 임차권 등 소유권의 행사를 제한하는 사유가 있거나 제세공과금 기타 부담금의 미납 등이 있을 때에는 잔금 수수일까지 그 권리의 하자 및 부담 등을 제거하여 완전한 소유권을 매수인에게 이전한다. 다만, 승계하기로 합의하는 권리 및 금액은 그러하지 아니하다.

제4조 [지방세 등] 위 부동산에 관하여 발생한 수익의 귀속과 제세공과금 등의 부담은 위 부동산의 인도일을 기준으로 하되, 지방세의 납부의무 및 납부책임은 지방세법의 규정에 의한다.

제5조 [계약의 해제] 매수인이 매도인에게 중도금(중도금이 없을때에는 잔금)을 지불하기전 까지 매도인은 계약금의 배액을 상환하고 매수인은 계약금을 포기하고 본 계약을 해제할 수있다.

제6조 [채무불이행과 손해배상의 예정] 매도인 또는 매수인이 본 계약상의 내용에 대하여 불이행이 있을 경우, 그 상대방은 불이행 한 자에 대하여 서면으로 최고하고 계약을 해제할 수 있다. 그리고 계약 당사자는 계약해제에 따른 손해배상을 각각 상대방에게 청구할 수 있으며, 손해배상에 대하여 별도의 약정이 없는 한 계약금을 손해배상의 기준으로 본다.

제7조 [중개보수] 개업공인중개사는 매도인 또는 매수인의 본 계약 불이행에 대하여 책임을 지지 않는다. 또한 중개보수는 본 계약 체결에 따라 계약 당사자 쌍방이 각각 지불하며, 개업공인중개사의 고의나 과실없이 본 계약이 무효, 취소 또는 해제 되어도 중개보수는 지급한다. 공동중개인 경우에 매도인과 매수인은 자신이 중개 의뢰한 개업공인중개사에게 각각 중개보수를 지급한다.

제8조 [중개보수 외] 매도인 또는 매수인이 본 계약 이외의 업무를 의뢰한 경우, 이에 관한 보수는 중개보수와는 별도로 지급하며 그 금액은 합의에 의한다.

제9조 [중개대상물확인설명서교부 등] 개업공인중개사는 중개대상물확인설명서를 작성하고 업무보증관계증서(공제증서 등) 사본을 첨부하여 거래당사자 쌍방에게 교부한다. (교부일자 : 2022년 06월 21일)

[특약사항]

-. 현 시설 상태에서의 매매 계약이며, 매수인이 현장확인(2022.6.21)하고, 등기사항 증명서를 확인후 계약을 체결함.
-. 잔금 시까지의 각종 공과금은 매도자 부담으로 한다.
-. 매수인은 임대차계약(보증금5000만원,월세150만원, 만기 2023.5.1)을 그대로 승계하기로 한다.
-. 본 특약사항에 기재되지 않은 사항은 민법상 계약에 관한 규정과 부동산매매 일반 관례에 따른다.
-. 현시설물 상태의 계약이나 계약시에 매도인이 고지하지 않은 부분에 하자가 있을 경우, 하자담보책임과는 별개로 매도인은 이를 수리 해주기로 한다.
-. OO은행 채권최고액 금OO원 상태의 계약으로 잔금일에 매도인이 상환하고 말소하기로 하며, 매도인은 잔금일까지 채무를 부담하는 등의 새로운 권리변동을 일으키지 않도록 한다.
* 입금계좌번호: OO은행 111-25341-120 홍길동
*. 첨부서류: 실제 첨부하여 교부한 서류만 기재. 예시) 중개대상물 확인 · 설명서

본 계약을 증명하기 위하여 계약 당사자가 이의 없음을 확인하고 각각 서명 또는 날인한다. 2022년 06월 21일

매도인	주 소	경기도 부천시 부일로 203					(인)
	주민 등록 번호	770707-	전화	010-000-0001	성명	홍길동	
매수인	주 소	서울시 서초구 방배동					(인)
	주민 등록 번호	750505-	전화	010-1111-0001	성명	성춘향	
개업공인중개사	사무소 소재지	경기도 부천시 부일로 203					
	사무소 명칭	OO 공인중개사사무소			대 표 자 명	서명및날인	(인)
	전 화 번 호	032-326-▒▒▒▒	등록 번호		소속공인중개사	서명및날인	(인)

이행과 손해배상, 중개 보수 등이 나온다. 그리고 중간쯤에 특약 사항을 적는 곳이 나온다. 그리고 가장 아래 칸에 매도인(임대인), 매수인(임차인), 공인중개사란이 있다.

특약 사항은 A4 용지 한쪽의 1/4 정도를 차지한다. 글씨도 작을 수밖에 없고 10~15줄이 한계다. 그 이상 길어지면 2쪽으로 넘어가게 된다. 우리나라 사람들은 계약서가 2쪽 이상 되는 것을 싫어해서 1쪽 안에 넣으려고 특약을 짧게 쓰는 경향이 있다.

하지만 이렇게 쓰면 안 된다. 양쪽 거래당사자에게 충분히 물어보고, 그 내용을 다 적어야 한다. 좋은 게 좋은 거라고 구두로만 이야기하고 나면 나중에 큰코다치게 된다. 부동산 거래는 돈이 오가는 것이기 때문에 한쪽이 금전적인 이익을 보면 다른 한쪽은 손해를 보게 되어 있다. 상세하게 적어서 계약서가 2쪽이 되어도 좋다고 생각해야 한다. 알아서 잘 해주겠지 하고 상대방의 선의를 기대하지 말아야 한다. 매매든, 임대든 부동산 거래는 적지 않은 금액이 오가는 거래이므로, 오해의 소지가 없도록 명확하게 계약서를 작성해야 한다.

역사적으로 보면, 서양은 유목민이라서 언제 다시 만날지 모르기 때문에 계약서가 발달했다. 동양은 농경민족이라서 언제라도 그 자리에 거주하고 있다. 항상 거기에 있어서 '대충대충, 적당히' 문화가 발달해서 상세하게 계약서에 미주알고주알 쓰면 야박하다고 생각한다. 이런 관행이 지금처럼 계약서를 짧고 간단하게 쓰려는 식으로 계속되어 온 것이 아닌가 생각한다.

사실, 계약서는 빨리 쓰는 것이 좋다. 큰 금액이 오가는 거래이다 보니 계약서를 작성하는 중에 거래당사자의 마음이 변해서 계약이 깨지는 경우가 종종 있다. 하지만, 계약서 작성을 서두르다가 실수하는 경우가 많다. 계약서 작성 시에 빨리빨리 하자고 재촉하는 고객의 경우 나중에 문제를 제기하는 경우가 많다.

계약서 작성을 위해서는 미리 계약서 작성 시 필요한 사항을 미리 준비하고 고객을 만나야 한다. 가격에 대한 것은 미리 확정하고, 필요한 공적장부(등기사항증명서, 부동산종합증명서)는 미리 발급받아 놓고, 양 당사자의 인적사항을 미리 받아서 계약서에 적어놓는다.

양 당사자가 오면 쟁점 사항들만 이야기한다. 전월세 금액은 미리 이야기한 것과 크게 어긋나는 경우가 많지 않지만, 매매금액은 상황에 맞춰 약간의 조정을 하게 된다. 매매의 경우 중도금을 넣을 것인지를 정한다. 계약금은 10%(임대차의 경우 최소 5% 이상) 정도, 중도금과 계약금을 합한 금액은 총액의 40~50% 선에서 정하지만, 소유자의 근저당이 있는 경우에는 매매가격에서 계약금과 중도금을 공제한 금액이 근저당보다 커야 한다.

매수자가 매매가액에서 근저당을 공제한 금액을 다 치르고 남는 금액이 없으면, 잔금 날에 매도자가 받을 금액이 없게 된다. 매도자가 잔금 전에 금전을 모두 수령하고 나면, 잔금 때 명의이전 서류를 받는다든가 명도 등의 절차가 남았는데 원활하게 진행될지 걱정이 된다. 약간의 금액이라도 잔금이 남아 있어야 한다.

임대차의 경우는 일반적으로 중도금 없이 계약금 10%와 잔금 90%로 진행한다. 전세대출을 받는 경우 계약금은 보증금의 5% 이상을 내고, 계약서에 공인중개사의 인장 날인이 필요하다. 많은 전세계약의 경우 전세대출을 하는 경우가 많으므로 주의해야 한다. 특히 대리계약인 경우 대리권을 입증할 수 있는 서류(위임장, 인감증명서, 인감도장 등)를 완벽하게 갖춰야 하고, 금융기관에서 까다롭게 굴기 때문에 실무적으로는 대리인은 표기하지 않고, 양 당사자가 나온 것처럼 진행한다. 물론 대리 서류는 임차인에게 전달한다. 요즘에는 전세보증보험에 가입하기 위해서도 공인중개사의 인장 날인이 필요하다. 공인중개사 인장이 필요하다는 것은 확인·설명서와 공적장부를 발급해줘야 하는 것을 의미한다. 단순히 계약서에 공인중개사 도장만 찍는 것이 아니다. 흔히, 임대차계약 기간이 종료되어서 연장계약을 할 때 공인중개사 인장이 필요한 때도 있는데, 이때에도 공인중개사법에 맞게 서류를 완벽하게 갖춰야 한다.

이상과 같이 계약서만 제대로 쓴다면 부동산 거래사고의 대부분은 예방할 수 있다. 계약서 작성 시 기본이 되는 사항은 공적장부의 발급과 계약서 특약에 세세한 사항까지 기입해 2쪽을 작성하는 것을 겁내지 말아야 한다. 그리고 나중에 다시 설명하겠지만, 확인·설명서는 빠짐없이 기입해야 한다. 해당 없는 항목은 '해당 없다'라고 기입한다. 공란으로 남겨놓으면 확인·설명서 미기재로 250만 원~500만 원의 과태료 처분을 받게 된다.

계약서는 법정 서식이 아니라서 거래를 위한 주요 사항을 기입하면 된다. 반면에 확인·설명서는 법정 서식이므로 '공인중개사의 업무 및 부동산 거래신고에 관한 법률'에 의거해 정확하게 기재하고, 관련 공적장부를 발급해야 한다.

02

부동산 목적물의 하자

 부천시청 민원실에서 무료 법률상담(부동산 관련 이슈)을 할 때 가장 많은 상담이 부동산 목적물 중 아파트, 연립주택, 다가구주택 같은 주택의 하자다. 주로 누수, 곰팡이, 결로 등이 많다. 집합건물의 누수는 공용부분인지, 전유부분인지에 따라서 책임소재가 달라진다. 공용부분의 하자는 당연히 공동책임이 되므로 아파트의 경우는 관리사무소에 책임을 묻고, 빌라 같은 다세대주택은 총무에게 말해서 공통비용으로 해결한다.

 아파트의 경우는 전문적으로 관리를 해주는 관리 주체가 있어서 상대적으로 하자를 해결하기 쉽지만, 다세대주택은 상주하거나 전문적인 관리인이 없는 경우가 많아서 하자 해결에 시간이 걸린다. 서로 책임을 미루고 큰 비용이 들어갈 때 입주민들에게 과금하기 어렵기 때문이다. 그래서 사람들은 관리가 더 잘되는 아파트를 선호한다.

 전유부분의 누수라면 원인이 어느 집인지 밝혀야 한다. 집을 매매한 경우에 잔금 당시 발견하지 못한 중대한 하자는 잔금 후 6개월 이내에는 매도인이 책임을 진다. 이는 민법에 따른 것으로, 통상 누수를 중대한 하자로 본다. 그런데 천장의 누수라면 매도인 책임이 아닌 윗집인 경우가 많다. 반대로 아랫집 천장의 누수라면 내 집의 책임이 되므로 매도인이 책임져야 한다. 천장의 누수가 바로 윗집이 아닌, 더 윗집인 경우도 종종 있다. 누수된 물이 벽을 타고 내려오는 것이 아니고, 벽 안에 매립된 전선이나 갈라진 틈새를 타고 내려오면 바로 위가 아닌 2~3개 층 윗집이 원인인 경우도 있다. 누수는 누수 탐지 전문가를 불러서 원인을 찾아서 누수 방지 공사를 해야 한다. 누수 원인을 못 찾으면 공사를 해도 다시 누수가 발생한다.

발코니는 전유부분이 아니고 공용부분이다. 따라서 발코니 새시(구체적으로는 새시와 벽 사이의 실리콘의 박리)의 누수는 매도자의 책임이 아니다. 공용부분에 임의로 설치한 시설물이므로 관리실의 책임도 아니다. 매도자가 설치한 시설물을 매수인이 그대로 이용하는 것이므로 매수인의 비용으로 책임을 져야 한다. 매도자에게 책임을 물을 수 있는 경우는 전유부분의 하자가 발생했을 경우에 한정된다.

잔금 후 6개월 이내에 매수인의 귀책사유 없이 발견한 중대한 하자일 경우에만 매도자에게 책임을 물을 수 있다. 따라서 매수자가 하자를 발견한 시점이 6개월에 가깝다면 전화든, 문자로든 무조건 먼저 하자가 있다는 사실을 알려야 한다.

민법 582조는 '매수자가 하자를 안 날로부터 6개월 이내에 매도자에게 책임을 묻도록 한다'라고 되어 있다. 하지만 하자를 안 날이 잔금 후 5개월이 됐더라도 그때부터 6개월로 계산하지는 않음을 주의해야 한다. 잔금을 치르고 부동산 목적물을 명도한 이후에는 매도자가 통제할 수 없으므로 잔금일로부터 6개월 이내에 매수자가 문제를 제기해야 한다. 다만, '잔금 전에 부동산 목적물에 하자가 있었다'라는 것을 입증하는 책임은 매수자가 진다. 실무적으로는 하자를 입증하기 쉽지 않기 때문에 매수자가 손해를 감수하는 경우가 많다.

임대차의 경우 임대인이 하자에 대한 책임을 회피하는 경우가 종종 있다. '사람들이 화장실에 들어갈 때와 나갈 때 마음이 다르다'라는 말이 있듯이, 계약서를 쓰기 전에는 임차인이 갑의 입장에서 임대인에게 이것저것을 요구하게 된다. 계약서를 다 쓰고 나면 임대인은 계약서대로 하라는 식으로 나오는 경우가 많다. 잔금일에는 임차인이 '갑'에서 '을'로 변하는 순간이다. 그리고, 잔금 후 입주하면 '을'에서 '병'으로 변하기도 한다. 임차인의 입장에서는 계약서를 작성할 때 요구사항이 있으면, 계약금을 내기 전에 요구해야 한다. 계약은 상호 서명날인이라는 요식행위와 계약금의 지급이라는 절차를 통해 성립한다. 잔금을 치러야 계약이 성립하는 것이 아니고, 전체 금액의 10% 정도 금액인 계약금만 치러도 계약은 성립한다. 바로 이러한 계약의 성립 전에 임차인이 요구할 것을 요구해야 한다. 금액의 조정이나 하자에 대한 것도 요구해야 한다.

통상 전세의 경우에는 싱크대 등 금액이 많이 나가는 경우를 제외하고는 도배, 장판 등 기본적인 수리는 세입자 본인의 비용으로 해야 한다. 그리고 보일러 수리 등 주택으로서 기능할 수 없는 경우에는 임대인의 비용으로 해결해줘야 한다. 사실, 싱크대가 깨끗하지 못하다고 해서 임대인이 교체해줘야 하는 것은 아니다. 싱크대가 좀 지저분해도 본연의 기능을 하고 있다면 교체해주지 않아도 된다. 이것은 임대차 시장이 임대인 우위 시장일 경우다.

임차인 우위 시장에서는 싱크대도 깨끗한 것으로 교체해주고, 발코니 새시는 물론, 도배와 장판도 해준다. 월세는 이렇게 해주는 게 거의 당연하다고 보면 된다. 임차인에게 매월 일정액의 차임을 받기도 하고, 월세는 선호도가 떨어지기 때문이다. 월세는 임차인 우위 시장이다. 반면 전세는 임대인 우위 시장이 일반적이지만, 세입자를 구하기 어려워서 전세가격이 떨어지는 역전세난이 벌어질 때는 세입자를 들이기 위해서 경쟁적으로 도배, 장판, 싱크대는 물론, 발코니 새시까지 교체해주는 경우가 많다.

입주 후에는 대부분의 임대인은 임차인의 요구에 귀를 기울이고 서로 협의해서 임대차 목적물의 하자를 해결하지만, 일부 임대인의 경우에는 임차인의 요구를 들어주지 않고 그냥 대충 살라고 하는 경우가 많다. 임대인이 나이가 많은 고령층의 경우에 본인의 기준으로 이 정도면 살 만한데 임차인이 지나치게 요구한다고 생각한다. 임대인과 임차인의 기대치가 서로 달라서 벌어지는 현상이다. 과거에 어려운 시절에 살았던 고령층은 임차인의 집뿐만 아니라 임대인 본인의 집도 수리하지 않고 허름하게 사는 경우가 많다.

잔금을 치르고 들어가서 산 지 오래된 집에 대해서 공인중개사가 이러한 하자 문제에 개입할 의무는 없다. 하지만 공인중개사는 이러한 갈등의 조정자 역할을 하게 된다. 임대인과 임차인의 입장이 팽팽할 때 중간자로서 법과 원칙에 근거해서 조언해주고 서로 양보할 수 있도록 도와줘야 한다. 주택의 경우 통상 '5만 원 룰'이나 '7만 원 룰'이 있다. 5만 원(또는 7만 원) 이상은 임대인이, 그 미만은 임차인이 해결하는 식이다. 공인중개사는 때에 따라서 적절하게 조정자의 역할을 해야 할 것이다.

부동산 임대차 물건 중 상가나 사무실의 경우에는 주택보다 다툼이 적다. 1층 상가의 경우는 누수 등 결정적인 하자가 아니면 세입자 본인이 해결한다. 2층 이상에 있는 사무실의 경우에는 세입자 본인이 설치한 칸막이나 방을 제외하고는 대부분 임대인이 해결해주는 경우가 많다. 이러한 곳은 월세 시장이기 때문에 임대인이 해결해준다고 보면 된다. 공장도 상가, 사무실과 비슷하다. 다만, 공장의 임차인은 손재주가 좋은 경우가 많아서 스스로 해결할 수 있는 것은 스스로 처리하는 편이다. 공장중개는 임대차 잔금 후에 공인중개사의 역할이 별로 필요하지 않은 편이다.

공인중개사는 부동산 관련 법률을 공부하고 적용하는 과정에서 많은 경험을 하게 된다. 일반인들이 부동산 관련 거래, 이용, 관리 등에 관한 사항이 궁금할 때 전문가를 찾는데, 변호사들이 법률 전문가로서 부동산 관련 분쟁에 대해서 많이 아는 편이지만, 가까이 하기에는 너무 멀리 있어서 쉽게 찾아가기 어려워한다. 반면, 공인중개사는 골목골목마다 있어서 일반인들이 잘 모르는 부동산 관련 문제들에 대한 도움을 줄 수 있다. 가정의학과 주치의를 두듯이 부동산 주치의로 주변에 상담할 수 있는 공인중개사 한두 명쯤은 알고 있는 것이 좋을 것 같다.

03
부동산 건물 관리

초등학교 학생들의 장래희망 1위가 '건물주'라고 한다. 과연 건물주는 아무것도 안 하고 월세만 받아가면 될까? 건물주가 되기 위해서는 몇 가지 공부를 해야 한다. 보통 건물주라고 하면 상가 건물이라고 보면 된다. 상가는 상가로만 이루어진 근린생활 상가, 아파트 단지 상가가 대표적이다. 그 밖에 주상복합 아파트나 오피스텔 상가로 고층에 주거용이 있고, 저층에 상가가 있는 경우다.

그런데 아무거나 사서 월세만 많이 나오면 좋은 상가일까? 수익률 계산식은 '수익률 = 월세×12 / (매매가 - 보증금)×100'이다. 대출을 안고 매수하는 경우 투자금액이 줄어들지만, 이자금액만큼 월세에서 공제하는데, 대출을 받아 투자했을 때 나오는 수익률을 '레버리지 수익률'이라고 한다. 저금리 시대에는 일반적으로 대출을 안고 매수하는 경우, 즉 레버리지하면 수익률이 올라가게 된다. 상가에 대한 임대소득세 계산 시 상가를 담보로 한 대출이자는 소득공제 되기 때문에 현금의 여유가 있어도 대출을 안고 사는 경우도 많다.

상가 투자자는 1층을 좋아하는 경우가 많다. 왜냐하면, 2층 이상과 비교해 수익률은 낮지만, 공실이 될 위험이 적기 때문이다. 누구나 1층을 좋아하기 때문에 1층과 그 외의 층은 수익률 차이가 크다. 투자금액이 작은 사람은 총수입이 많아야 하므로 수익률이 높은 2층 이상을 선호한다.

보통 1층과 2층의 가격은 3배 정도 차이가 난다. 엘리베이터가 없는 건물의 3층은 2층의 절반 가격이다. 4층 이상은 가격이 더 내려간다. 엘리베이터가 있는 건물은 3층부터 최상층까지 비슷한 가격이라고 보면 된다. 여기서 가격은 매매가격, 월세 모두를 의미한다. 같은 매매가격, 월세라면 1층에 비해 2층은 3배 정도의 면적이 되는 것이다.

1층에 적합한 업종은 판매점, 선매품, 분식점, 패스트푸드점 등 짧은 시간에 소비하고 방문이 많은 업소다. 2층 이상은 오랜 시간 머물면서 소비하는 업종이 많은 편이다. 음식점도 분식점처럼 단가가 저렴한 품목보다는 높은 가격의 대형업소가 많다. 장사하려는 사람들이 돈이 없다고 해서 2층에서 저렴한 가격을 취급하면 잘 안 된다. 온라인 쇼핑몰이나 사무실 같은 경우에는 더 높은 층에 있어도 무관하다. 굳이 월세가 비싼 1층에 있을 이유가 없는 것이다. 상가 건물주가 되기 위해서는 이러한 장사의 속성을 알아야 한다. 장사하려는 업종이 맞지 않으면 장사가 안 되어서 인근 시세에 맞춰 월세를 올려 받을 수 없어 상가의 가치를 보존하기 힘들다.

상가의 가치는 수익률로 정해진다. 수익률을 높이기 위해서는 월세가 높아야 한다. 월세가 낮은데 비싼 가격에 상가를 살 사람은 없다. 장사가 잘될 만한 업종으로 세입자를 들여야 상가의 가치를 올릴 수 있다. 코로나 팬데믹 상황에서는 비대면이 강화되고 온라인 쇼핑과 배달 업종이 뜨고 있다. 판매나 유흥 업종은 퇴조하고 있다. 중심 상권은 쇠락하고, 주거지 인근의 상권은 현상 유지를 하고 있다. 이런 상황들을 고려해 상가를 구입하고 관리를 해야 한다. 과거와 같은 패러다임으로 상가 투자를 해서는 실패하기 쉽다.

그리고 상가를 계속 보유하고 있기보다는 일정한 시기마다 새로운 상가로 갈아타기를 해야 한다. 음식물에 유효기간이 있듯이 상가도 유효기간이 있다. 상권은 살아 움직이는 생물과 같아서 계속 주시하고 있다가 적합한 상가로 갈아타기를 해야 한다. 상가에 입점한 업종은 바꿀 수 있을지 몰라도 위치는 바꿀 수 없다.

자료 2. 꼬마빌딩

'꼬마빌딩'이라고 부르기도 하는 대지 50~100평 정도의 3~5층 통상가는 건물주가 되려는 사람들의 로망이다. 아파트처럼 개별 호수마다 소유주가 다른 분양상가와 다르게, 통상가는 본인이 전체 건물에 대한 소유권을 가지면서 관리도 겸하게 된다. 조금 큰 건물은 건물주 본인이 직접 상주하기도 하지만, 대개는 관리인을 두고 관리를 한다. 관리인은 주차장 인근에 사무실을 두고, 주차 관리와 함께 건물 관리를 하는 경우가 많다. 그 외에 청소하는 분을 두고 화장실, 복도와 계단 등 공용 공간을 청소한다.

건물 유지 관리를 위한 관리비는 주로 건물 관리인 및 청소에 대한 인건비 외에 약간의 경비를 지출하고 남는 금액은 임대인이 대외적으로는 수입으로 잡지 않고, 소득 신고하지 않는 수입이 되어 분양상가에는 없는 부외 수입이 되기도 한다. 이런 작은 규모의 통상가의 단점은 2층 이상은 공실이 되는 경우가 많다는 점이다. 그래서 통상가를 살 수 있는 여력이 되어도 1층 상가 여러 개를 투자하는 것을 선호하는 사람들도 많아졌다.

위치가 좋은 곳의 1층 상가는 권리금이 형성되어 있어서 시세에 맞게 세를 내놓으면 공실이 되지 않는다. 임차인이 권리금을 받기 위해 다음 임차인을 구한 다음 나가려고 하기 때문이다. 2층 이상은 약간의 시설권리금이 있는 경우를 제외하고는 대개는 권리금이 형성되어 있지 않다. 공실이 되면 다음 임차인이 들어올 때까지 월세가 들어오지 않고, 분양상가의 관리비 부담도 임대인이 부담하게 된다. 2층 이상의 상가가 수익률이 높아도 공실이 되는 순간부터 수익률이 감퇴한다. 2층 이상에서 오랫동안 공실이 되어 고생해본 경험이 있는 임대인은 다음에 상가 투자 시에는 권리금이 형성된

1층 상가를 선호하게 된다.

분양건물은 관리사무소가 임대인들을 대리해서 건물을 관리하고 관리비를 징수한다. 아파트나 상가도 마찬가지다. 통상적으로 아파트와 아파트 단지 상가는 관리 주체가 달라서 별도로 관리소장이 있다. 심지어 주상복합 아파트도 아파트와 상가는 관리 주체가 다르다. 그리고 주차장과 출입문도 따로 쓴다. 분양상가는 집합건물법에 따라서 지분대로 책임과 의무를 지면서 관리 주체를 두게 되어 있지만, 일정 규모 이상의 아파트처럼 강제 사항은 아니다.

작은 규모의 상가 건물은 관리에 문제가 있는 경우가 종종 있으므로 유의해야 한다. 상업지역에 통상가와 함께 있는 건물 중에 분양상가가 있는 때도 있다. 통상가를 집합건물로 분할해서 분양을 하면 분양상가가 된다. 이때 분양자가 분양 후 관리에 대한 체계를 갖추지 않고, 건물 관리에서 손을 떼는 경우가 있다. 구분건물 소유자들 간에 합의가 안 되면 관리 주체를 두지 못해 건물 관리가 안 되어서 기본적인 보수를 하지 못하고, 건물이 노후화될 때 누수가 생겨도 제대로 해결하지 못하는 경우가 많다.

주변에도 이런 상가를 잘못 투자해서 애를 먹는 경우를 봤다. 3층짜리 통상가 건물의 1층을 매수했는데 관리 주체가 없었다. 3층 고시원 주인이 관리하는데, 공용 계단 청소 외에는 아무런 관리가 안 됐다. 그러다가 옥상에 낙엽이 계속 쌓여서 배수구가 막혀 1층 세대가 누수 피해를 봤다. 30년 된 오래된 건물이라 장기수선 충당금이 적립되어서 그 돈으로 수선비에 사용해야 하는데, 관리 주체가 없으니 적립된 장기수선 충당금이 있을 리가 없다. 소유자들이 십시일반으로 돈을 모아서 수리하기로 했다.

집합건물법에 따르면, 소유자들의 지분 비율로 비용을 부담해야 한다. 1층을 제외한 다른 층 소유자들이 1층은 세를 많이 받으니 호수별로 똑같이 내자고 주장을 했다. 1층은 1개 호수가 전용면적 10평 정도이고, 나머지 층은 1개 호수가 40평 정도다. 그런데도 1층 소유주들이 양보해서 호수별로 분담하기로 하고 공사를 했다. 1층 소유자들은 4배를 더 부담한 셈이다.

　이렇게 다툼이 끊이지 않으니 공용부분의 하자는 손을 보기도 어려웠다. 1층 구분소유자 중 한 사람은 상가관리에 골치가 아파서 제값도 못 받고 팔아버리고 말았다. 분양상가는 매수 시에 수익률에만 현혹되지 말고, 관리가 잘되는지도 살펴봐야 할 것이다. 전체가 통건물이라면 내 돈을 들여서 수리하면 되지만, 분양상가 같은 구분건물(집합건물)은 소유자들의 의견일치를 봐야 하므로 건물을 유지, 관리하는 일도 쉬운 일이 아니다.

　이상과 같이 통건물과 분양상가는 관리에 따른 장단점이 있으니 본인이 건물 관리를 위해서 얼마의 시간을 투여할 수 있는지를 고려해서 투자해야 한다. 차후에 관리의 문제를 고려하지 않고 무턱대고 투자했다가는 큰코다치기 쉽다. 세상에 공짜는 없다. 건물주가 되려고 해도 공부를 해야 한다.

04

주택 임차인 보호

주택 임차인들은 보통 사회적 약자로 본다. 2020년 7월 31일에 주택임대차 2법이 통과되어 전격적으로 시행된 것은 이러한 기조를 반영한 것이다. 전월세 상한제, 계약갱신 청구권을 도입해 임차인의 권리를 강화한 것이 임대차 2법이다(임대차 3법은 2021년 6월 1일부터 시행된 주택임대차계약신고제를 포함한다). 서울 주변 경기도권에서 20년 이상 된 단지형 아파트 전용 84㎡ 기준으로 매매가격이 6~7억 원이고, 전세가격은 매매가격의 60~80% 선에서 형성된다. 서울에서 비슷한 규모와 연식의 아파트 전세가격은 10억 원이 넘는 곳이 많다.

서울의 전세 세입자는 서울 주변 경기도권에서는 신축 아파트(84㎡ 기준 8억~10억 원)를 매수하고도 남을 경제력을 가지고 있는데, 전세 사는 세입자라고 보호받아야 하는 약자라고 말할 수 있는지 모호하다. 돈이 없어서 세 사는 사람들이 더 많겠지만, 집을 매수할 수 있는 여력이 되는데도 불구하고 세를 사는 경우도 많은 것 같다.

주택의 세입자는 입주 시에 물건을 들여놓기 전에 임대차 물건을 꼼꼼하게 사진을 찍어서 보관해야 한다. 동영상도 함께 찍어두면 좋다. 2년 뒤 세 만기 시에 주택의 하자에 대한 책임 소재를 미리 예방할 필요가 있기 때문이다. 처음부터 하자가 있던 것인지, 임차인이 살면서 하자가 생긴 것인지에 대한 것을 분명히 할 필요가 있다. 하지만 세입자가 있거나 사람이 사는 상태에서 집을 보고 계약을 하게 되는데, 가구 등 짐이 있을 때는 구석구석의 하자를 볼 수 없다. 짐이 나가고 나면 곰팡이, 결로 등 잘 보이지 않던 하자가 보이기 시작한다. 이런 것은 즉시 자세히 사진을 찍어서 임대인에게 하자 해결을 요구한다. 귀찮다고 그냥 살다가 나중에 나갈 때 문제를 제기하면 임대인이 인정하지 않는 경우가 많다. 하자가 생기면 바로바로 임대인에게 통보해줘야 한다. 하자 부분의 사진을 찍어서 임대인에게 문자나 카톡으로 보내주고, 통화를 해야 한다. 이렇게 증거를 남겨 두어야 나중에 분쟁의 소지가 없다.

임차인이 사는 동안 장기수선 충당금이 관리비에 부과되어 고지된다. 장기수선 충당금은 임대차기간 종료 후에 임차인이 요구하면 임대인이 정산해준다. 보통의 세입자들은 이러한 내용을 잘 몰라서 정산받지 못하고 나가는 경우가 많다. 비슷한 것으로 선수관리비가 있는데, 이것은 매매 시에 매도자가 매수자에게 받을 수 있는 금액으로 한 달 치 정도의 관리비에 해당한다.

2020년 7월 31일에 시행된 주택임대차 2법 중 계약갱신 청구권은 그 내용이 복잡하므로 잘 알고 있어야 한다. 충분한 검토 없이 시행한 후유증으로 전세물건이 실종하고, 전세가격이 폭등해 신축 아파트에 이어서 서울 인근 수도권의 구축 아파트 매매가격을 끌어

올리는 부작용이 발생하고 있다. 2년 계약 후에 기간만료 6개월~2개월 전에 임차인은 계약갱신 청구권을 행사할 수 있다. 임대인 본인이나 직계존비속이 입주하는 경우를 제외하고는 임차인은 계약갱신 청구권을 행사할 수 있다.

임대인에게 이사 나간다고 말했어도 만기 2개월 안에 다시 뒤엎고 계속 살겠다고 말해도 된다. 심지어 새로운 매수자가 입주하는 것도 임차인의 동의를 얻어야 한다. 새로운 매수자가 입주할 수 있는 경우는 임대차계약 만료 6개월 전에 매매 잔금을 치르고, 임차인에게 만기 6개월이 되기 전에 임차인에게 매수자가 입주하겠다고 통보해야 한다. 매매 잔금이 임대차 종료 6개월 이내로 들어오면 매수자는 매도자의 권리와 의무를 승계하므로, 계약갱신 청구권에 대한 임대인의 의무를 그대로 승계해서 임차인의 동의 없이 주택에 입주할 수 없다.

계약 기간이 만료되어 별도의 계약이 없이 그대로 지나가버리면 '묵시적 갱신'이라고 해서 동일한 조건으로 2년 더 임대차 기간이 연장된다. 임차인은 2년 계약 후에 묵시적 갱신 2년, 추가로 계약갱신 청구권 행사 시 2년, 더하면 도합 6년을 살 수 있는 것이다.

'전월세 상한제'는 재계약 시 임대금액 인상률을 5% 이내로 정하고 있다. 만기 시 서로 합의해서 5% 이상 금액을 인상해서 재계약할 경우에 임대차계약의 효력은 인정하지만, 계약갱신 청구권을 행사한 것이 아니므로 묵시적 갱신과 마찬가지로 추후 계약갱신 청구권을 행사하면 도합 6년을 살 수 있는 것이다.

계약갱신 청구권의 핵심은 임대인과 임차인이 다툼이 없으면 계약갱신 청구권을 행사한 것이 아니다. 묵시적 갱신이나 합의에 의한 갱신이나 모두 계약갱신 청구권을 행사한 것이 아니라서 임차인에게는 계약갱신 청구권이 남아 있는 것이다. 계약갱신 청구권을 행사했다는 것을 증거로 남기는 것이 좋다. 재계약 특약에 다음과 같이 적는다.

'본 임대차계약은 임차인이 갱신 청구권을 사용한 계약임.'

전월세 상한제에 의한 인상률 5%도 무조건 강제하는 것은 아니다. 재계약 시 임차인이 동의하지 않으면 임대인은 5%를 올릴 수 없다. 중개현장의 현실은 대부분 5%를 올리고 갱신계약을 작성한다. 임대인 본인(직계존비속포함)이 들어오겠다고 하는 때 외에는 임차인이 카드 게임의 '조커'와 마찬가지로 무소불위다.

임대인이 들어오겠다고 해서 임차인을 내보냈을 경우, 추후 다른 임차인과 계약을 해서 입주를 한 것을 알게 되면 임차인은 손해배상을 청구할 수 있다. 이를 회피하기 위해서 임대인이 잠깐 들어와서 살다가 매매하거나 임대를 놓는 꼼수를 쓸 수도 있다. 이것이 정당한 사유가 아니라면 임차인에게 손해배상을 해줘야 한다.

현실의 사례를 들어보면, 신축 아파트로 입주 당시 전세 금액이 4억 원이었던 것이 2년 만에 6억 원이 되면서 임대인과 임차인 간에 갈등이 생긴 것이다. 임대차 2법 시행 이후에는 5%밖에 인상이 안 되어 4억 2,000만 원에 재계약을 해야 한다. 임대인이 6억 원을 받을 수 있는 것을 1억 8,000만 원이나 저렴하게 전세를 놓는 것에 대해서 불만을 품고, 임대인이 입주할 테니 세입자에게 나가 달라고 한다. 실상은 다른 세입자에게 6억 원에 전세계약을 한 것이다. 임차인은 그러한 사실을 짐작하고 있지만, 현실적으로 대응하기 쉽지 않고, 이미 새로운 집을 구해서 전세 계약한 이후라 분풀이 외에는 별다른 방법이 없다. 공인중개사로서는 이러한 불편한 거래의 중간에 끼어서 여간 입장이 곤란한 것이 아니다.

임대차계약 기간 만료 후 연장을 할 때 전세보증금대출을 받았다면 묵시적 갱신으로 가면 안 되고 반드시 계약서를 써야 한다. 전세보증금대출 기간이 2~3년이므로 전세 기간이 끝난 계약서에 의한 대출이 근거가 없어지게 되기 때문이다. 이때 반드시 공인중개사의 서명날인이 들어간 계약서가 필요하다.

그리고 대출을 받지 않고 보증금을 약간만 인상할 때 기존 계약서에 삭선(2줄 긋는 것)하고 날인하는 방법으로 해서 계약기간, 보증금액을 수정하면 안 된다. 주민센터나 등기소에서 확정일자를 받은 계약서에 가필이나 수정을 하면 확정일자의 효력을 잃게 되기 때문이다. 전체금액을 다시 적어서 계약하는 것이 좋다. 물론 새 계약서의 확정일자를 다시 받아야 한다.

임차인이 가장 주의할 것은 만기 시에 임대보증금을 안전하게 반환받는 것이다. 전세보증금을 떼이는 경우가 계속 늘어나면서 전세보증금 반환보험 가입이 늘어나고 있다. 임대인이 법인이면 법인의 채무 등으로 인해 임차인이 전세보증금 원금을 보장받지 못하는 경우가 생길 수 있으므로 계약 시 법인 대표의 연대보증을 받는다. 법인은 전세보증금을 떼일 우려가 있어서 전세대출도 까다롭고, 전세보증보험 가입을 꺼리는 금융기관이 많으니 계약 전에 잘 알아봐야 한다.

임대인은 월세로 내놓았는데 권한을 위임받은 대리인이 전세로 계약을 해서 보증금을 떼이는 사고가 심심치 않게 발생한다. 전세계약 시 임대인 본인이 나오지 않고 대리인(부부인 경우에 임대차 같은 일상의 가사대리는 가능하나, 임대인이 부부공동 명의면 대리권을 확인하고 계약서에 공동명의자 전부의 서명날인을 받아야 함)이 나오면 대리권이 있는지, 전세인지, 월세인지를 반드시 확인해야 한다.

본인과 직접 통화해서 확인하고, 외국이나 교도소 등에 있는 사유로 통화가 불가능할 때는 위임장과 인감증명서(반드시 '본인 발급' 확인)를 살펴봐서 대리권을 확인한다. 계약 당사자가 미성년자라면 반드시 법정후견인과 계약을 해야 한다. 나중에 계약이 취소될 수 있기 때문이다. 이 외에도 임대차계약에는 여러 가지 위험 요소가 많으므로, 반드시 믿을 수 있는 공인중개사를 통해서 계약해야 한다.

건강보험 지역가입자 중에서 주택의 세입자는 건강보험료가 적정한지 국민건강보험공단 지역 지사에 문의해야 한다. 행정안전부는 임대차계약서 확정일자 받은 것을 1년에 한 번 국민건강보험 공단에 통보한다. 무주택자인 지역가입자는 건강보험료 책정 시 전세보증금을 반영한다. 월세는 '보증금 + 월세×100'으로 환산한 환산보증금을 반영한다. 확정일자를 받지 않으면 그 지역 평균 전세보증금으로 간주해서 건강보험료를 책정한다. 본인의 건강보험료를 낮출 수 있다면 적극적으로 이의제기를 하면 된다. 과거에 과오납된 보험료도 환급받을 수 있다.

05

상가 임차인 보호

궁중 족발집 사건으로 임대인과 임차인 간에 칼부림이 나면서 2018년 10월 16일부로 상가임대차보호법이 개정됐다. 임차인의 계약갱신 청구권 행사로 상가 임차인이 보호받는 기간이 5년에서 10년으로 늘어났다. 2018년 10월 16일 이전에 계약이 체결되고, 이날 이후 계약이 종료된 경우에는 구법(5년 적용)이 적용되는지, 신법(10년)이 적용되는지 혼동하기 쉽다. 계약갱신 청구권이 있으면 최초의 계약 시작일로부터 10년이 적용되고, 계약갱신 청구권이 없으면 5년이 적용된다. 통상 상가의 임대차계약 기간은 1~2년, 또는 길게 하면 5년으로 정해서 할 수도 있다. 2018년 10월 16일 기준으로, 4년 전에 상가 임대차를 시작한 동일한 경우에 계약기간에 따라 5년 적용이 될 수도 있고, 10년 적용이 될 수도 있다.

예를 들어서 2014년 11월 1일에 계약기간이 시작된 경우에 A는 2년씩 계약해서 계약기간이 2014. 11. 1~2016. 10. 31, 그다음에 재계약해 2016. 11. 1~2018. 10 31까지 진행된다. A는 상가임대차보호법이 개정된 2018년 10월 16일 현재 계약이 진행 중이고, 계약갱신 청구권이 남아서 신법 적용을 받아 10년이 적용된다. 반면에 B는 2014년 10월 1일에 계약기간이 시작되어서 똑같이 2년씩 계약해 2014. 10. 1~2016. 9. 30, 그다음에 재계약해 2016. 10. 1~2018. 9. 30에 다시 재계약하면, 2018. 10. 1~2020. 9. 30, 그리고 2020년 10월 1일부터 계약이 시작되어, 10월 16일에 신법이 적용되는 날에 5년째라 계약갱신 청구권이 소멸해서 구법의 적용대상이 되어 계약기간이 종료되면 계약갱신 청구권을 행사할 수 없다. 며칠 차이로 운명이 바뀔 수 있으니 잘 계산해봐야 한다.

상가임대차보호법 대상이 되려면 세무서에 가서 사업자 등록과 계약서의 확정일자를 받아야 한다. 사업자 등록의 대상이 되지 않을 때는 상가임대차보호법의 대상이 아니다. 예를 들면 고유번호증을 받는 어린이집이나, 교회 같은 경우는 상가임대차보호법 대상이 아니다. 그리고 환산보증금(=보증금+월세×100)이 일정 금액 이하여야 상가임대차보호법 대상이 되는데, 지역별로 다르다. 예를 들면 2019년 4월 2일 기준으로 서울시는 9억 원, 부산광역시와 수도권 과밀억제권역의 도시지역은 6억 9,000만 원 이하다.

지역별 환산보증금을 초과해도 상가임대차보호법의 대상이 되는 경우가 있다. 제3조(대항력), 제10조 제1항, 제2항, 제3항 본문(계약갱신 청구권), 제10조의 2부터 제10조의 8까지의 규정(권리금 보호) 및 제11조의 2 제19조(표준계약서), 제10조의 9 및 제11조의 2(코로나 팬데믹으로 인한 계약갱신요구 임시특례 및 해지권)는 제1항 단서에 따르는 보증금액을 초과하는 임대차에 관해서도 적용한다. 2015년 5월 13일 이전에 계약을 체결한 임차인은 지역별 환산보증금 이하면 사업자

자료 3. 상가임대차보호법 대상

• 상가건물 임대차보호법 대상 / 상가건물 최우선 변제권

일자	지역	보호금액	소액보증금 범위	최우선변제액
2002. 11. 1~	서울	2억 4,000만 원 이하	4,500만 원 이하	1,350만 원
	수도권과밀억제권역	1억 9,000만 원 이하	3,900만 원 이하	1,170만 원
	광역시(군지역 제외)	1억 5,000만 원 이하	3,000만 원 이하	900만 원
	기타지역	1억 4,000만 원 이하	2,500만 원 이하	750만 원
2008. 8. 21~	서울	2억 6,000만 원 이하	4,500만 원 이하	1,350만 원
	수도권과밀억제권역	2억 1,000만 원 이하	3,900만 원 이하	1,170만 원
	광역시(군지역 제외)	1억 6,000만 원 이하	3,000만 원 이하	900만 원
	기타지역	1억 5,000만 원 이하	2,500만 원 이하	750만 원
2010. 7. 26~	서울	3억 원 이하	5,000만 원 이하	1,500만 원
	수도권과밀억제권역	2억 5,000만 원 이하	4,500만 원 이하	1,350만 원
	광역시(군지역 제외), 경기도 일부**	1억 8,000만 원 이하	3,000만 원 이하	900만 원
	기타지역	1억 5,000만 원 이하	2,500만 원 이하	750만 원
2014. 1. 1~	서울	4억 원 이하	6,500만 원 이하	2,200만 원
	수도권과밀억제권역	3억 원 이하	5,500만 원 이하	1,900만 원
	광역시(군지역 제외) 경기도 일부**	2억 4,000만 원 이하	3,800만 원 이하	1,300만 원
	기타지역	1억 8,000만 원 이하	3,000만 원 이하	1,000만 원
2018. 1. 26~	서울	6억 1,000만 원 이하	6,500만 원 이하	2,200만 원
	과밀억제권역, 부산	5억 원 이하	5,500만 원 이하	1,900만 원
	광역시(군지역 제외) 경기도 일부**	3억 9,000만 원 이하	3,800만 원 이하	1,300만 원
	기타지역	2억 7,000만 원 이하	3,000만 원 이하	1,000만 원
2019. 4. 2~	서울	9억 원 이하	6,500만 원 이하	2,200만 원
	과밀억제권역, 부산	6억 9,000만 원 이하	5,500만 원 이하	1,900만 원
	광역시(군지역 제외) 경기도 일부**, 세종시	5억 4,000만 원 이하	3,800만 원 이하	1,300만 원
	기타지역	3억 7,000만 원 이하	3,000만 원 이하	1,000만 원

※ 환산보증금 = 임대보증금 + 월 임대료(차임) × 100
  • 수도권인 경우 : 보증금 1,000만 원에 월세 45만 원이라면, 1,000만 원 +45만 원 × 100
    = 5,500만 원으로 최우선 변제 대상

** 경기도 일부 : (1) 2010. 7. 26 : 안산, 용인, 김포, 광주
              (2) 2014. 1. 01 : (1)과 동일,
              (3) 2018. 1. 26 : (2)+화성
              (4) 2019. 4. 02 : (3)+ 파주시=안산, 용인, 김포, 광주, 화성, 파주

등록을 했을 경우만 대항력이 인정됐다.

2015년 5월 13일 이후에 임대차계약을 체결했거나 묵시적 갱신된 임차인은 대항력이 있다. 대항력은 상가가 매매되어 임대인이 바뀌어도 새로운 임대인에게 전 임대인과 체결한 임대차계약을 주장할 수 있다. 소급효가 없으므로 환산보증금을 초과하는 상가임대차 계약이 2015년 5월 13일 이전에 체결했다면, 임대차 기간 중 변경된 새로운 임대인에게는 전 임대인과 체결한 임대차계약을 주장할 수 없다. 환산보증금액 한도 이내인 경우에 적용되는 주요 내용은 계약기간 중 갱신 시 연 5% 이내의 차임인상 제한, 소액임차인 최우선변제권, 우선 변제권 등이 있다. 지역별 환산보증금을 초과한 경우에는 연 5% 이상의 차임인상의 제한을 받지 않는다.

상가임대차 계약을 하면, 통상적으로 '인테리어 기간' 또는 '렌트프리 기간'을 준다. 계약 잔금을 치른 날부터 인테리어를 할 수 있는데, 그 기간의 임차료를 면제해주고 관리비는 세입자가 부담하는 것이다. 통상적으로 2~4주 정도 준다. 물론 권리금이 많은 1층 상가의 경우는 임대인이 인테리어 기간을 주지 않는 예도 있다. 계약서 작성 시 임대인에게 부탁해서 인테리어 기간(렌트프리 기간)을 받을 수 있도록 하는 것이 좋다.

그리고 영업 인허가에 필요한 사항은 세입자가 직접 관련 기관에 계약 전에 문의해서 가능한지 알아봐야 한다. 영업 정지된 건물의 경우에는 영업정지가 승계되어 영업을 못 할 수도 있으니 계약 전에 공인중개사에게 문의한다. 동일 업종인 경우는 큰 문제가 안 되지만 다른 업종인 경우, 영업허가를 위해 용도변경을 해야 하는 경우 계약 전에 용도변경이 가능한지 확인해야 한다. 용도변경이 단순 신고사항이 아니고, 허가 사항이라면 관계기관에 사전 체크해봐야 한다. 특히 건축물대장에 위반건축물로 등재되어 있으면 용도변경이 안 되는 점에 유의한다. 영업 인허가는 공인중개사도 기본적인 사항은 알고 있는 경우가 많지만, 자세한 사항은 임차인이 스스로 관계관청에 연락하거나 방문해 체크해본 다음에 계약하는 것이 좋다.

권리금을 주고받는 계약을 할 때는 통상 권리금 계약을 먼저 하고 임대차계약을 나중에 한다. 권리금 계약은 기존 임차인과 새로운 임차인이 하는데 임대인이 입회하지 않는다. 임대인이 없는 상태에서 권리금 계약 시 보증금과 월세를 써넣는 항목이 있는데, '차후에 임대인과 임대차 계약 시 보증금과 월세 금액이 다르면 권리금 계약을 무효로 한다'라는 조항을 넣는다. 월세는 고정비이기 때문에 월세가 높을수록 권리금은 떨어진다. 월세가 낮아야 권리금을 많이 받을 수 있다. 월세가 이렇게 민감한 문제이기 때문에 월세 금액이 다르면 권리금을 전부 인정할 수 없다.

권리금 계약을 할 때는 권리금으로 인수하는 시설, 물품 목록을 세세하게 작성해야 한다. 항목이 많으면 권리금 계약서와 별도로 다른 종이에 작성해 계약서 특약에 별지 첨부되어 있다고 작성한다. 권리금 계약에서 권리금 액수와 인수시설, 물품 못지않게 중요한 것은 나가는 임차인의 '경업금지' 조항이다. 상가를 인수한 후에 나가는 임차인이 새로운 임차인의 영업을 침해하면 안 되기 때문에 일정한 거리 이상, 일정한 기간에 동일한 영업을 본인 또는 타인 명의로 할 수 없게 특약에 명기하는 것이다. 위약 시에는 위약금 액수를 얼마 지급한다는 조항을 계약서에 써넣는다.

동일한 업종을 영위하는 경우에 인수한 고객 명단은 새로 인수한 임차인이 모두 인수할 수 있도록 안전장치를 권리금 계약서에 넣어야 한다. 고객 명단을 확인하고 계약하는 것은 당연하다. 그 외에 매출, 비용 명세를 구두로만 전달받지 말고, 반드시 세금신고 내역이나 POS 자료 등 근거 자료를 확인해보는 것이 좋다.

06

원룸, 오피스텔의 관리

소액으로 노후를 위한 수익성 건물 투자 시, 주거용으로 사용하는 원룸, 오피스텔만 한 것이 없다. 상가는 신경 쓸 것도 많지 않고 월세 받기에도 좋지만, 상대적으로 수익률이 낮고 많은 투자금이 필요하다. 요구수익률은 지역에 따라 다르지만, 최소수익률 기준으로 보면, 5억 원 정도의 노후자금이 있다면 상가를 매입했을 때 1층 상가 기준으로 3.5% 정도 수익률이 보통이다. 총투자금 5억원의 3.5% 수익률이면 1년에 1,750만 원(한 달에 145만 원)의 월세 수입이 생긴다.

반면에 원룸이나 오피스텔의 경우 경기도권에서 10여 년 된 오피스텔 1억 원이면 월세 45만 원 정도를 받을 수 있다. 연간으로 540만 원이니 5.4% 정도 예상해볼 수 있다. 5억 원으로 5채를 사면 연간 수익이 2,700만 원이 된다. 월 225만 원의 월세 수입과 우리나라 국민연금 평균 수령액 40만 원을 합하면 월 265만 원으로, 노부부 2명이 생활하는 데 큰 어려움은 없을 것이다.

오피스텔 수익률이 1층 상가보다는 높지만, 2층 이상 상가나 사무실 용도의 근린생활시설 상가의 수익률도 오피스텔 수익률과 비슷하다. 2층 이상 상가나 사무실은 공실이 되면 오랫동안 월세가 나가지 않아서 임대인이 애를 먹는 경우가 많다. 그런 면에서 조금만 가격조정을 해주면 쉽게 임차인을 구할 수 있는 주거용 오피스텔이 소액으로 투자하기에는 양호한 투자처가 된다.

오피스텔이나 원룸 같은 옵션물이 있는 부동산 물건의 관리에는 약간의 노하우가 필요하다. 통상 옵션물은 에어컨, 냉장고, 세탁기, 쿡탑을 말한다. 그 밖에 붙박이장, 싱크대, 비디오폰 등이 있다. 옵션물은 고장이 나면 임차인의 귀책 사유가 없는 경우에는 시간 경과에 따른 자연적인 고장으로 봐서 임대인이 수리해줘야 한다. 수리가 안 될 정도로 고장이 나거나 부품이 단종되어 수리가 안 되면 교체도 해줘야 한다.

작은 공간이고 창문이 작아 자연 환기가 안 되기 때문에 에어컨은 반드시 잘 작동되어야 한다. 에어컨이 찬 바람이 안 나오고 바람만 나온다고 하면 우선 에어컨 가스를 주입해보면 된다. 보통 3~4년 정도 지나면 에어컨 가스가 조금씩 빠져 나와서 약해지기 쉽다. 해당 제조사에 A/S를 부르기도 하지만, 에어컨 설치와 수리만 전문적으로 하는 사람들이 있으니 그분들에게 연락하면 대응이 더 빠르다. 더운 여름날에 환기도 안 되는 좁은 오피스텔에서 에어컨이 고장 나면 세입자가 빨리 수리해달라고 재촉이 심하다. 추울 때는 옷을 여러 겹 껴입고 두꺼운 이불을 뒤집어쓰면 해결이 될 수 있지만, 더위에는 답이 없다. 게다가 한여름에 에어컨 A/S가 한꺼번에 몰리기 때문에 쉽기 예약하기도 어렵다. 1년여의 무상 A/S 기간이 지나면 약간은 관료적인 기업보다는 개인으로 수리해주는 사람들이 더 빨리 대응하기 때문에 좀 더 선호하는 편이다.

가전제품들은 단종이 되면 부품 수급이 원활해지지 않는다. 보통 단종 후에도 A/S 부품으로 5년 정도 생산한다. 입주한 지 10년 정도 지난 오피스텔이나 원룸은 가전제품의 해당 모델이 단종되어 A/S가 원활하지 않은 경우가 종종 있다. 오래된 오피스텔, 원룸은 매매가격 대비 월세 수익률은 좋은 편이지만, 가전의 노후화로 인한 A/S 문제 못지않게 시설의 노후화도 신경이 많이 쓰인다. 보일러의 수명은 보통 10년 정도다. 보일러가 없는 지역난방도 난방조절기의 수명이 10~15년 정도 된다.

싱크대도 10~15년 정도 되면 서랍과 문이 너덜너덜해진다. 싱크대와 붙박이장에 필름지를 붙이는 경우가 많아서 맨 처음에는 깨끗하고 보기 좋지만, 내구성이 떨어져서 10~15년 정도 되어 필름지가 너덜너덜해지면 도배할 때 필름지를 함께 재시공해달라고 하면 된다. 짐이 있을 때는 깨끗한 것 같아도 짐이 나가고 보면 도배를 다시 해줘야 하는 경우가 많다. 겉보기에 도배가 깨끗해 보여도 세입자가 오래 살았으면 도배는 다시 해준다고 생각해야 한다. 1~2년 정도 산 경우에는 도배를 안 해도 되지만, 4~5년 이상 살았다면 도배를 해주면 좋다.

세입자의 월세 관리도 신경이 쓰이는 부분이다. 새로운 세입자가 들어온 첫 달 월세가 들어오는 날에서 1~2일 지나면, 월세 통장을 체크(월세 통장에 입출금 시 은행에서 문자 통보받을 수 있게 미리 신청해놓는다)해서 월세가 들어오지 않으면 세입자와 통화해서 월세를 입금하도록 독촉하고, 다음 달부터는 자동이체를 해달라고 한다. 보증금 500만 원에 월세 45만 원이면 월세가 5개월 이상 밀리면 불안하다. 5개월 치 월세 225만 원과 임차인의 미납 관리비 2~3개월 치를 합하면 300만 원이 넘어간다. 미납 관리비에 대해서도 임대인의 책임이다. 월세가 5개월 이상 밀려서 관리비까지 300만 원이 넘어가면 남은 보증금 200만 원으로 3~4개월밖에 못 버틴다.

명도소송에는 5~6개월 정도 소요되므로 월세가 2개월 이상 밀렸을 때 바로 소송에 들어가는 것이 좋다. 하지만 현실적으로 돈과 시간이 드는 문제라서 선뜻 명도소송을 하기가 쉽지 않다. 명도소송을 위해서는 3단계를 거쳐야 한다. 우선 세입자에게 내용증명을 보내서 계약해지를 통보한다. 그다음 점유이전 가처분 신청을 한다. 그리고 명도소송에 들어간다. 기껏 명도소송에 이겼는데 점유이전 가처분 신청이 안 되어 있고, 세입자가 다른 사람에게 점유를 넘겨버리면 임대인은 새로운 점유자와 다시 명도소송을 시작해야 한다. 명도소송은 법무사를 통해서 소장만 작성하고 임대인이 직접 진행해도 된다.

명도소송에 들어가면 신경 쓰이는 일이 많아지므로, 명도소송 이전에 세입자에게 계속 문자 보내고 전화해 월세를 독촉해서 임차인의 의무를 다하도록 요구한다. 어떤 임대인은 월세가 계속 밀려도 세입자의 수에 말려서 차일피일 미루는 전략에 넘어간다. 결국에는 밀린 월세를 공제해도 받아갈 보증금이 없는 임차인은 배 째라는 식으로 나오는 경우가 허다하다. 임대차 계약 시에는 계약자가 월세를 잘 낼지, 안 낼지 알 방법이 별로 없다.

월세가 한두 달 밀리기 시작했을 때 대화를 해보면 세입자의 성향을 알 수 있다. 문제가 많은 사람은 주로 전화를 회피하는 사람들이다. 전후 사정을 들어봐서 타당한 이유가 있는 사람들은 큰 문제가 아니다. 상습적인 사기꾼들이 문제다. 이들은 일주일에서 열흘 정도의 시간만 더 주면 월세를 낼 수 있다고 한다. 하지만 결코 약속을 지키지 않는다. 그리고 계속 미룬다. 그렇게 3~4개월이 훌쩍 지나간다. 이런 사람들은 정말 피를 말린다. 인정에 약한 사람의 심리를 악용하는 못된 사람들이다. 낌새가 이상하다 싶으면 2~3개월 밀렸을 때 바로 명도소송에 들어가야 한다. 남은 보증금이 7~8개월 치 정도 있을 때 협상이 가능하지, 받아갈 보증금이 없으면 배째라는 식이기 때문이다.

오피스텔은 관리실에서 공용부분에 대한 관리를 해주기 때문에 임대인으로서는 손이 덜 가는 편이다. 원룸은 통건물로 최상층에 임대인이 거주하는 경우가 많다. 원룸은 임대인 본인이 직접 관리하면서 청소하는 사람을 고용해서 복도, 계단 등 공용부분 청소를 맡기면 된다. 수선은 임대인 본인이 직접 해야 한다. 청소 등 관리에 대한 명목으로 관리비를 3~5만 원 정도 받는 곳이 대부분이다. 청소 인건비를 지급하고 약간 남는 금액이다. 도시가스와 전기는 계량기를 이용해 사용한 만큼 부담시킨다.

원룸에 거주하지 않는 임대인은 인근 부동산 중개업소에 원룸 관리를 위탁하는 때도 있다. 요즘은 원룸을 통째로 여러 개를 위탁받아서 시설과 임대 관리를 대행하는 곳도 있다. 일정액의 월세를 매달 원룸 주인에게 입금하고, 공실에 따른 손실과 추가 월세에 대한 이익을 갖는 형태다. 시설에 대한 관리도 대행하면서 실비는 임대인에게 청구한다. 임대인으로서는 이익이 조금 줄어들더라도 월세나 시설 관리에 신경 쓰지 않아도 되기 때문에 많이 선호하고 있는 형태다.

07
중개업소 선택

요즘은 인터넷이나 스마트폰 앱에 부동산 관련 정보가 많다. 네이버 부동산이 가장 일반적이고, 그 외에 아파트실거래가, 직방, 분양알리미 등의 앱이 있고, 대법원인터넷등기소, 정부24를 통해서는 등기사항증명서(구 등기부등본), 건축물대장 등 각종 공적서류를 인터넷으로 떼어 볼 수 있다. 또한, 각종 부동산 투자 관련 카페나 밴드 등 인터넷 커뮤니티가 넘쳐서 정보의 홍수를 이루고 있다.

예전처럼 전문가를 통하지 않고 정보를 얻는 시대가 아니다. 과거에 부동산 정보를 얻기 위해서 발품을 팔았다면, 이제는 손품을 판다고 한다. 손가락으로 열심히 인터넷이나 스마트폰을 만지작거리면서 정보를 얻는 것이다. 그렇지만 부동산 물건은 직거래보다는 부동산 중개업소를 통해 거래하게 된다. 고객 본인이 손품을 팔아서 얻은 정보를 바탕으로 부동산 중개업소에 방문해 상담해서 함께 일하기에 적합한 공인중개사를 선별한다. 공인중개사는 고객의 정보 루트를 미리 파악하고 있어야 한다. 고객이 아는 정보는 물론이고, 그 외에 추가적인 정보를 제공해야 고객의 신뢰를 얻을 수 있기 때문이다.

공인중개사는 남들이 보기에는 별로 하는 일도 없고, 그저 부동산 물건을 접수했다가 고객이 찾아오거나 전화를 하면 물건을 보여주고, 가격을 흥정해서 계약서 1장 쓰고, 잔금 때 엄청나게 큰 금액을 받는 한량 같은 직업이라고 생각한다. 사실 공인중개사 학원에서 시험준비를 하는 사람들은 공인중개사가 편하고 쉽게 돈 버는 직업이라고 생각하는 사람들이 대부분이다. 예비 공인중개사들도 이렇게 생각하는데, 일반인들이 공인중개사가 쉽게 돈을 번다고 생각하는 것도 무리는 아니다.

공인중개사들은 일반 판매점이나 음식점보다 재고가 없는 게 장점이다. 반면에 이사 철 같이 잘될 때는 돈을 좀 벌다가도 비수기나 정부의 규제가 강하게 나올 때는 거래가 없어서 경비만 나가고 힘든 시절이 온다. 그리고 고객들이 부동산 물건에 만족하지 못해서 매도와 매수, 임대인과 임차인 간에 분쟁이 생기면 공인중개사에게 불똥이 튀는 경우가 많다. 이럴 때 공인중개사는 감정노동자다. 특히, 나이 많은 어르신들은 부동산 중개업소에 와서 했던 이야기 또 하면서 사람을 지치게 만드는 경우가 있는데, 공인중개사들의 중개보수에는 이러한 것들(?)도 포함되어 있다고 자위하고 있다.

또한, 여러 번 물건을 보여줘도 거래가 성사되지 않으면 한 푼도 받지 못한다. 거래 성사 직전까지 갔다가 고객의 변심이나 다른 부동산 중개업소의 방해로 거래가 성사되지 않을 때의 실망감이나 속상함은 이루 말할 수 없다. 게다가 부동산 중개사고를 막기 위해서 각종 법규도 잘 알고 있어야 하고, 요즘 같은 변화의 시기에는 더욱 공부가 필요하다.

부동산 가격이 지나치게 올라가면 정부에서는 각종 규제책을 쏟아붓게 된다. 부동산의 가장 대표적인 아파트 시장의 예를 들어보겠다. 부동산의 가격 결정은 합리적인 가격 결정 구조에 의존하기보다는 심리적인 측면이 강하다. 부동산 시장(아파트)은 공급이 부족해도 택지를 공급해서 건축하고 입주하기까지 최소 7~8년 이상 소요된다. 2017년 5월에 출범한 문재인 정부가 각종 부동산 규제책을 발표했지만, 가격을 잡지 못하고 2019년에 3기 신도시 계획을 발표했다. 3기 신도시의 첫 입주는 2027년으로 예상되고 있다. 기존의 주택이 없는 그린벨트 지역에서 추진해도 최소 7년여가 소요된다. 이러한 공급의 비탄력성으로 가격도 비탄력적이다.

반면에 가격이 빠지기 시작하는 매수자 우위 시장에서는 부동산 가격의 끝이 어딘지도 모르게 하락한다. 부동산 시장은 이렇게 정부 정책에 의해서 냉탕과 온탕을 오가는 시장의 한가운데에 있다. 가격이 급상승하는 매도자 우위 시장에는 매수자가 많아도 매도자가 거래 성사 직전에 틀어버리는 경우가 비일비재하고, 거래량은 줄어든다. 거꾸로 가격이 급락하는 매수자 우위 시장에서는 매도물량은 넘쳐나고 매수자를 찾을 수 없게 된다. 가격이 오를 때는 "급매물 나오면 연락주세요"라고 말하던 매수자들이 가격이 하락할 때는 더 떨어지지 않을까 생각해서 매수를 미루게 된다.

부동산과 주식의 매매가격의 원리는 심리전이라는 측면에서 보면 동일하다고 볼 수 있다. '무릎에서 사서 어깨에서 팔아라'라는 격언대로 행동해야 한다.

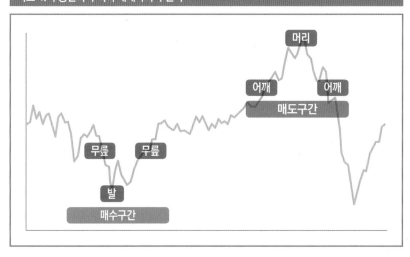

자료 4. 부동산과 주식의 매매가격의 원리

바닥에서 사서 머리 꼭대기에서 팔려고 하는 사람들이 많다. 이런 사람들은 돈의 EQ가 낮은 사람들이다. 내가 매수자일 때 무릎이 아닌 바닥에서 사려고 하면, 매도자가 손해 보고 매수자가 이익 보는 것 같이 생각할 수 있다. 하지만 가격의 바닥을 알 수 있는 사람은 아무도 없다. 가격이 하락할 때도 계속 하락하지 않고, 하락하는 중에도 약간의 반등과 하락을 반복하면서 하락한다. 이러다 상승을 하면 다시 하락할지, 계속 상승을 할지 알 수 없다. 시간이 지나 봐야 그 가격이 바닥이라는 것을 안다. 바닥을 치고 다시 무릎을 지나고 있다면, 매도자는 급하게 처분할 사유가 아니면 매도를 서두르지 않을 것이다. 그래서 바닥이 아닌 무릎에서 사야 매도자도 약간의 이익이 있다고 생각해 매매가 성립된다.

나도 조금은 양보하면서 거래를 성사시켜야지, 나는 손해를 전혀 안 보고 이익만 보겠다고 하는 사람은 돈의 EQ가 낮은 것이다. 부동산에 관한 해박한 지식으로 돈을 버는 사람은 상대방을 배려해 상생한다는 자세를 가진 돈의 EQ가 높은 사람이 궁극적으로 승자가 된다. 돈의 EQ가 낮은 사람들은 공통점이 있다. 무조건 가격을 깎으려고 한다. 본인이 매수하는 물건의 가격도 깎고, 중개 보수도 깎으려고 한다. 나 외에는 남은 보이지 않는 사람들이다. 이런 부류의 사람들은 본인이 팔 때는 머리 꼭대기에서 팔려고 한다.

돈의 EQ가 높은 사람들은 거래 상대방을 배려할 줄 알고 거래 중개자인 공인중개사를 배려할 줄 안다. 고객과 기분 좋은 거래를 한 공인중개사는 다음에도 그 고객과 좋은 유대관계를 맺으면서 유익한 정보를 주고받는다.

중개 보수는 계약이 성립됐을 때 청구권이 생긴다. 계약서 작성 시 중개 보수 청구권이 생기는 것이다. 중개 보수는 계약 시 받을 수도 있고, 잔금 시 받을 수도 있다. 잔금일이 3개월 이상 길어지면 중도금 때 받는 경우도 있다. 그리고 계약 시 중개 보수를 합의하면 바로 받아야 한다. 금액을 합의하고 시간이 지나면, 고객은 합의된 금액에 심리적 앵커링(닻)이 걸린다. 합의 금액은 이미 얻은 결과물이고, 더 깎으면 이득이 되기 때문이다. 부동산 거래가 반복 구매하는 형태가 아니므로 지금 중개 보수를 깎으면 이득이라고 생각하는 돈의 EQ가 낮은 사람들이 있다. 중개 보수를 합의하면 바로 금액을 받아야 한다.

물건을 보기도 전에 중개 보수가 얼마냐고 묻는 사람도 있는데, 이럴 때는 직접 금액을 알려주기보다는 "중개 보수 요율표대로 나온 금액을 받는다"라고 말하거나, "중개 보수를 미리 말하면 계약이 안 되는 징크스가 있다"라는 식으로 언급을 하지 않고 진행하는 게 좋다. 사실 중개 보수를 미리 물어보는 사람들의 대다수는 가격에 민감한 사람들이라 거래 금액도 많이 깎으려고 한다.

중개 보수를 받는 것이 공인중개사로서는 쉽지 않은 일이다. 고객에게 얕잡아 보이지 않으려고 잔금일에는 전투복(?)을 입는 공인중개사도 있다. '전투복'은 좋은 옷으로 쫙 빼입는 것을 말한다. 많은 고객이 중개 보수를 아까워하기 때문에 중개 보수를 받는 일은 전투 같은 일이라고 생각해서 전투복이라고 말하는 것 같다. 남성 공인중개사는 평상시와 똑같이 당연히 양복을 입지만, 여성 공인중개사는 잔금일에 특별히 양장하고 출근하는 때도 있다. 중개 보수 금액이 클 때 이야기다.

08

주거용 부동산 절세 방법_
1세대 1주택은 절세의 기본

    부동산 투자는 세금처리를 잘하지 못하면 안에서 벌고 밖으로 잃게 된다. 탈세해서는 안 되겠지만, 법이 허용하는 범위 내에서 절세하는 것이 현명한 투자 방법이다. 주택이 아닌 부동산 물건은 주택보다 양도세와 보유세율이 더 높아 세금 부담이 크다. 보유세는 다주택자가 아니면 큰 문제는 안 된다. 양도세는 잘 알고 있어서 적절한 시기에 사서 적절하게 매도해야 부동산 투자에서 손해를 보지 않는다. 주택이 아닌 부동산은 일반적으로 2년 이상 보유 시 일반세율이 적용되어 양도차익이 1억 원일 경우 양도소득세(지방소득세 포함) 2,115만 원 정도를 납부한다. 1억 원 이상의 양도차익은 2,115만 원+1억 원 초과 양도차익의 38% 이상을 세금으로 납부한다. 양도차익이 1억 5,000만 원 이상이면 41.8%의 세금을 납부한다.

    주택의 양도세는 좀 복잡하다. 아파트 가격의 지속적인 상승장에서 정부는 다주택자의 주택 매수에 대해 억제를 하기 위해서 규제지역을 지정했다. 서울 및 수도권 주요 지역, 지방 광역시 등이 조

구분	투기과열지구(43곳)	조정대상지역(101곳)
서울	전 지역('17.8.3)	전 지역('16.11.3)
경기	과천('17.8.3), 성남분당('17.9.6), 광명, 하남('18.8.28), 수원, 성남수정, 안양, 안산단원, 구리, 군포, 의왕, 용인수지·기흥, 동탄2('20.6.19)	과천, 성남, 하남, 동탄2('16.11.3), 광명('17.6.19), 구리, 안양동안, 광교지구('18.8.28), 수원팔달, 용인수지·기흥('18.12.31), 수원영통·권선·장안, 안양만안, 의왕('20.2.21) 고양, 남양주, 화성, 군포, 부천, 안산, 시흥, 용인처인, 오산, 안성, 평택, 광주, 양주, 의정부('20.6.19) 김포('20.11.20) 파주('20.12.18) 동두천시('21.8.30)
인천	연수구, 남동구, 서구('20.6.19)	중구, 동구, 미추홀구, 연수구, 남동구, 부평구, 계양구, 서구('20.6.19)
부산	–	해운대구, 수영구, 동래구, 남구, 연제구('20.11.20) 서구, 동구, 영도구, 부산진구, 금정구, 북구, 강서구, 사상구, 사하구('20.12.18)
대구	–	수성('20.11.20)
광주	–	동구, 서구, 남구, 북구, 광산구('20.12.18)
대전	–	동구, 중구, 서구, 유성구, 대덕구('20.6.19)
울산	–	중구, 남구('20.12.18)
세종	세종('17.8.3)	세종('16.11.3)
충북	–	청주('20.6.19)
충남	–	천안동남·서북, 논산, 공주('20.12.18)
전북	–	전주완산·덕진('20.12.18)
경북	–	포항남('20.12.18)
경남	–	창원성산('20.12.18)

정대상지역으로 지정됐고, 서울 등은 좀 더 강화된 규제로 투기과열지구나 투기지역으로 지정하는데, 엄밀히 말하면 투기과열지구나 투기지역이면서 동시에 조정대상지역인 것이다. 양도세에 관한 규정은 조정대상지역에 대한 것만 알면 된다.

조정대상지역에서 1세대 1주택자는 비과세인데, 다주택자는 양도세가 중과되어 2021년 6월 1일 이후 2주택자는 양도세율에 20%를 더하고, 3주택자는 30%를 더한다. 그러나 윤석열 정부가 취임한 이후 2022. 5. 10~2023. 5. 9까지는 양도세 중과가 유예된다.

1주택자는 시가로 16억 원 정도가 넘어야 종부세 대상이 되지만, 다주택자는 시가로 13억 원이 넘으면 종부세도 부담해야 한다. 양도세는 세대별이고, 종부세는 개인별이다. 본인과 배우자가 각각 주택 1채씩 소유하고 있으면 2주택자가 되어, 양도세는 중과 대상이 되나 종부세 계산 시는 다주택자가 아니다.

두 채를 모두 부부가 공유로 소유하고 있으면 양도세에서는 세율이 낮은 구간에 속하게 되고 기본공제(250만 원)를 각각 받게 되어 이득이지만, 종부세에서는 다주택자가 되어 종부세 대상이 되는 금액이 낮아져서 불리하다. 정부에서는 종부세의 세율 및 종부세의 기준이 되는 공시가격을 지속해서 올릴 계획을 하고 있으므로, 오랜 기간 보유할 생각이 있는 다주택자는 공유보다는 부부가 각각 소유하는 것이 유리하다. 대략 시가가 7~8억 원 이상이 되는 주택을 2채 이상 보유할 계획이 있다면 부부 공유가 유리한지, 각각 보유하는 것이 유리한지 세무사의 상담을 받은 후에 취득하는 것이 좋다.

다주택자 규제 상황에서는 1세대 1주택 비과세를 잘 활용해야 절세를 할 수 있다. 과거와 같이 주택 여러 채를 보유하면서 기본세율만 내는 구조에서는 다주택으로 투자가 가능했다. 현재는 양도세에서 주택 수에서 제외되는 주택임대사업자 혜택도 축소하고, 아파트는 신규로 주택임대사업자 등록도 안 된다. 이제는 1세대 1주택 비과세를 활용하는 전략이 가장 유효한 주택(아파트) 투자 전략이다.

1세대 1주택과 아울러 일시적 2주택을 활용한다. A주택을 구입하고 최소 1년이 지난 후에 B주택을 구입해서 A주택을 2년 이상 보유하고, B주택 구입 후 3년 이내(조정대상지역은 1년 이내) A주택 매도 시 매도가격이 11억 원 이하까지 비과세를 받는다. 매도가격이 11억 원 이하이면 양도차익이 5~6억 원이 되어도 비과세를 받는 것이다. 단, 세대원 전체가 A, B주택만 보유하고 있어야 한다.

오피스텔을 보유하고 있는 경우에는 세입자가 업무용으로 사용하거나 공실 상태로 주택을 매도하는 경우가 아니면, 오피스텔이 주택 수에 포함된다. 예를 들어 1주택 외에 오피스텔 1채를 가지고 있으면 2주택자다. 오피스텔 세입자가 주거용으로 사용하고 있을 때 주택 매도 시 1주택 비과세 혜택을 받기 위해서는 주택매매 잔금 전에 오피스텔에 주택임대사업자를 내거나(10년 의무 임대를 해야 함), 세입자에게 이사비와 중개 보수 및 약간의 위로금을 준 후에 내보내서 공실을 만든다. 오피스텔은 아파트보다 가격이 많이 오르지 않는다. 오래 가지고 있어도 양도차익이 크지 않으므로, 주택을 매매하기 전에 오피스텔을 먼저 매매하면, 약간의 양도세만 부담해 주택 수에 포함되는 오피스텔을 제외해야 한다.

오피스텔이나 부모님으로부터 상속받은 주택(온전하게 1주택을 받지 않았어도 지분 상속의 경우 포함)이 있어서 주택 수가 증가해 주택 비과세 혜택을 못 받는 경우가 비일비재하다. 이러한 것들은 모두 계약 전이나 최소한 잔금 전에 발견하면 조처할 방법을 찾아볼 수 있겠지만, 잔금 후에 방법을 찾으려면 쉽지 않다.

기존의 다주택자가 증여의 방법으로 회피하는 것을 막기 위해 증여에 의한 주택 취득세율을 3.5%에서 12%(조정대상지역)로 대폭 높여서 퇴로를 막아 놓은 상태다(단, 1세대 1주택자가 배우자, 직계존비속에게 증여한 경우 3.5% 적용). 이상과 같이 세금을 고려한 주택에 대한 투자는 1세대 1주택 전략으로 가는 것이 현명한 방법이라고 본다. 1주택이 있는 상태에서 가능한 투자는 신규 분양을 받는 방법(1주택자는 매도조건으로 무주택 청약이 가능함)으로 주택을 갈아타는 전략을 구사해

자료 6. 윤석열 정부 부동산 대책(대출, 양도세, 취득세 관련, 2022년 6월 21일 기준)				
구분		종전주택 처분 기한	새 주택으로의 전입 의무	위반 시 불이익
대출	비규제/규제지역 → 규제지역	2년	없음	대출 회수 제한 등
	비규제/규제 → 비규제지역	없음		–
양도세 비과세	규제 → 규제	2년		비과세 적용배제
	규제 → 비규제	3년	없음	
	비규제 → 비규제			
취득세 일반과세 (1~3%)	규제 → 규제	2년	없음	취득세 중과세
	비규제 → 규제	3년		
	규제 → 비규제	없음		일반과세

※ 상생임대계약(5% 인상) 후 양도 시까지 1세대 1주택자로 전환하면, 양도세 실거주 요건 면제(2024년 12월 31일까지 적용, 2023년 1월에 신규임대차계약 시 적용 X)
※ 분양가 상한제 주택 5년 실거주 의무 완화 : 최초 입주가능일 → 양도, 상속, 증여 이전까지로 완화 (2023년 상반기 시행 예정)

일시적 2주택을 활용해야 한다.

양도세에서 세대 분리를 위해서는 자녀가 결혼하거나 만 30세가 넘어야 한다. 만 30세 이전이어도 성인 자녀가 직장을 다닐 때 자녀 명의로 주택을 취득해 취득세 중과를 회피할 수 있다. 비과세 요건을 갖춘 후에 세대 분리해 양도하면 양도세 중과를 피할 수 있게 된다.

1세대 1주택 양도세 비과세 요건도 강화됐다. 2017년 8월 3일 이후 취득한 조정대상지역의 주택은 2년 이상 거주요건이 추가됐다(조정대상지역 지정이 2017년 8월 3일 이후이면 조정대상지역 지정 이후부터 취득한 주택부터 거주요건이 추가됨. 분양권은 분양권 취득 시점 기준으로 거주요건을 본다). 윤석열 정부에서 거주요건이 완화되어 상생임대주택에서 2년 이상 거주하지 않은 상태에서 상생임대주택의 요건을 갖춰 5% 이내로 임대로 인상 시 2년 거주요건 면제로 비과세가 가능하다(기존 임대차계약 1년 6개월 이상 유지 후 갱신 계약을 2021년 12월 31일 이전에 하는 경우).

부동산의 절세방법 중 1주택자에 대한 11억 원 이하 양도세 비과세는 엄청나게 큰 혜택이다. 주택이 아닌 상업용 부동산이나 토지 등에는 이러한 비과세 혜택이 없다. 심지어 주식(5,000만 원 이상 주식 양도차익 과세)이나 예금에 대한 세율(15.4%)과 비교해봐도 엄청난 혜택이다. 주거용 부동산에 대한 이러한 혜택을 활용하지 않고 투자를 논할 수 없다.

09

법무사 소개와 대출 알선 및 전세보증금 반환보증보험

　부동산 중개를 하다 보면 다른 분야 전문가들의 도움을 받아야 하는 경우가 많다. 여기에서는 매수고객에게 도움이 되는 법무사와 대출상담사에 대해 알아보겠다. 특히, 대출상담사의 도움은 중개의 성립에 큰 영향을 미친다.

　매매 시에 매수고객이 궁금해하는 것은 매매가격 외에 매매에 따른 부대비용의 금액이다. 부대비용 중에서 가장 금액이 큰 것은 취득세다. 매매잔금 시에 취득세를 지급한다. 잔금일에 법무사를 불러서(보통은 법무사 사무실 직원이 온다) 취득세 금액을 법무사 사무실 계좌로 입금하면, 법무사가 구청과 등기소 등에 가서 부동산 등기 이전업무를 진행한다.

　매도자가 갚아야 할 대출금이 있으면, 매도자 본인이 은행에 문의해서 대출원금과 이자정산 금액 명세를 받는다. 매수자는 은행에 갚아야 할 금액을 매도자에게 주지 않고, 은행에 직접 계좌 이체하거나 법무사에게 위임해 은행에 상환하고, 등기사항 증명서상의 근저당 말소를 진행한다. 이러한 업무는 법무사가 진행해준다.

취득세는 세금이니까 세무사가 취급한다고 생각하는 고객들이 있는데 잘못 알고 있다. 반대로 법무사에게 양도세를 물어보는 고객들이 있는데 이것도 틀린 것이다. 양도세는 세무사의 영역이다. 취득세가 얼마나 되는지, 어떤 서류가 필요한지 법무사에게 확인받아서 고객에게 안내하고 진행을 하면 문제가 없다.

가끔 셀프등기를 하겠다고 하는 매수자가 있는데 상당히 신경이 쓰인다. 본인이 비전문가인데 서류 하나라도 빠지면 등기이전이 안되어서 다음에 매도자에게 서류를 받으려면 골치 아픈 상황이 발생할 수 있다. 가끔 등기권리증을 분실하는 예가 있다. 이때에는 법무사가 매도, 매수자에게 제시해 작성하는 확인서면으로 가능하다. 법무사와 공인중개사는 서로가 필요로 하는 공생 관계에 있다고 말할 수 있다.

매매하면 기본적으로 대출을 안고 매수하는 경우가 많다. 매수자가 가용 가능한 현금 외에 나머지 금액은 임대차 보증금을 안고 사든지, 대출을 받아서 지급해야 한다. 공인중개사는 대출과 관련해서 기본적인 사항을 알고 소개를 해줘야 한다.

상가나 공장의 경우에는 본인이 직접 사용할 경우 80~90%에 달하는 금액의 대출이 가능하다. 상가는 임대로 줄 때 시세(감정가)에서 보증금을 공제한 금액의 최대 50% 정도가 가능하다. 상가, 공장의 대출은 매수자가 매매계약 전에 은행에서 직접 상담하면 된다.

주택의 경우에는 은행 소속의 대출상담사가 부동산 중개업소에 영업을 다닌다. 대출상담사는 은행에서 정식으로 급여를 받는 것이 아니고, 대출실적에 따른 성과급만 받는다. 같은 은행마다 여러 명의 대출상담사를 두고 경쟁적으로 운용하고 있다. 제1금융권이라고 하는 시중 은행들은 돌아가면서 주택담보대출이자를 우대해주는 '특판'을 한다. 보통 고객들은 본인의 주거래 은행에서 대출 시 우대해줄 것으로 생각하는데 전혀 그렇지 않다. 일정 정도 이상의 신용등급이 되면 해당 은행의 거래실적이 없어도 상관없다.

무조건 특판을 하는 은행에서 대출을 받으면 된다. 특판 정보는 은행 소속 대출상담사들이 알려준다. 고객이 대출을 받으려고 할 때 여러 은행의 대출상담사에게 물어보면 대출이율을 알려준다. 그중에서 가장 좋은 조건을 제시하는 은행과 거래를 하면 된다. 주거래 은행이 아니어도 관리비 자동이체, 일정 액수 이상을 사용하는 카드 사용 조건 등을 만족하면 된다.

조정대상지역 주택의 경우 매매가격 9억 원 이하는 50%까지만 대출 가능하고, 매매가격 15억 원 이하는 총 6억 3,000만 원까지 가능하다(단, DSR 40% 이내). 15억 원 초과 주택은 생활자금대출이 2억원 만 가능하다. 1세대에 2채 이상의 다주택자도 주택담보대출이 나오지 않는다. 주택담보대출로 모자라는 금액을 신용대출을 통한 자금으로 주택을 구입할 경우에는 회수될 수도 있으니 유의해야 한다. 2022년 1월 1일부터는 대출총액이 2억 원이 넘으면 DSR(총부채원리금상환비율) 40% 적용을 받고, 2022년 7월 1일부터는 대출총액이 1억 원이 넘으면 DSR 40% 적용을 받는다. 대출총액은 주택담보대출 + 신용대출 + 차량할부금 등을 적용받는다. 신용대출, 차량할부금이 있으면 주택담보대출을 받는 금액은 더 줄어든다.

디딤돌대출과 보금자리론은 연 소득이 7,000만 원(신혼 부부 합산 8,500만 원) 이하이면 70%(조정대상지역 동일)까지 대출이 가능하다.

매매가격 6억 원 이하는 70%까지 대출이 가능하다(조정대상지역 동일, 6~8억 원은 60%까지). 다만, 최대 대출금액은 3.6억 원이 한도이고, DTI(총부채상환비율) 60%를 적용받는다. 저소득층은 DSR 조건에 따라서 대출 가능 금액이 줄어들게 되므로 LTV 한도보다 낮은 금액의 대출만 가능하다. 디딤돌대출은 대출상담사가 취급하지 않으니 본인이 은행에서 직접 상담해야 한다. 생애 최초 주택 구입 가구는 LTV가 80%까지 완화되어 대출이 가능하다.

전세자금대출 시에는 조금 더 복잡해진다. 조정대상지역의 주택을 1채라도 가진 다주택자는 전세대출금을 3억 원 한도로만 받을 수 있다. 조정대상지역의 9억 원 이상의 주택 소유자나 2주택 이상자는 전세대출을 1원도 받을 수 없다. 아파트 전세대출 한도는 매매시세(통상적으로 KB시세 또는 한국부동산원 시세 기준) 이내인 전세보증금의 80%까지다. 빌라 같은 다세대주택이나 단독주택은 감정가 이내의 전세보증금의 80%까지 전세대출이 가능하다(다세대주택, 단독주택의 감정가는 HUG의 안심전세대출 경우는 최근 1년 이내 매매거래가액 또는 공시가격×150%이고, SGI서울보증은 공시가격×130%다).

매매가 진행 중이면서 매수자가 새로운 임차인의 전세보증금으로 잔금을 치를 때에는 전세대출이 복잡하다. 은행에 따라서 매도자 또는 매수자와 임대차계약을 원하는 경우가 제각각이다. 세입자가 전세대출을 할 때는 전세계약 전에 대출할 은행을 정하고, 해당 은행이 원하는 조건대로 계약을 진행해야 한다. 매매 진행 중이면 전세대출을 해주지 않는 은행도 있으니 잘 알아봐야 한다. 특히, 임차인이 급여생활자가 아닌 개인 사업자면 매매 진행 중인 전세대출에 제한이 있으니 잘 알아보고 전세계약을 한다.

'안심전세대출'이라는 것이 있는데, 전세가격이 7억 원 이하(비수도권은 5억 원)인 경우 전세보증금의 90%까지 대출(최대 수도권은 4억 원, 비수도권은 3.2억 원)이 가능하고, 전세보증금의 100%를 반환 보장을 받는다. 주택도시보증공사(HUG)에서 취급하는 것으로 금리는 저렴한 편이다. 일정한 신용이나 조건을 필요로 한다. 신용등급이 6등급 이내이고, 만 34세 이하이거나 신혼(혼인신고 후 7년 이내)이면 가능하다. 연 소득 기준은 청년가구는 연 소득 5,000만 원 이하, 신혼부부는 부부 합산 연 소득 6,000만 원 이하여야 가능하다. 신혼부부는 3개월 이내 결혼 예정자를 포함한다. 청년과 신혼부부는 대출금액이 전세보증금의 90%이고, 그 외의 경우는 80%다.

'버팀목 전세자금대출'은 주택도시기금에서 취급하며, 만 19세 이상 무주택 저소득 세대주를 지원한다. 부부 합산 연 소득 5,000만 원 이하이며, 대상 주택은 전용면적 85m^2 이하의 전세보증금 4.5억 원 이하(지방은 2.5억 원 이하)다. 자녀가 2명 이상인 가구는 1억 원씩 보증금 증액이 가능해 수도권 5.5억 원, 지방은 3.5억 원 이하까지 가능하다. 저리(연 1.8~2.4%)로 전세보증금의 70%까지(신혼, 2자녀는 80%) 대출해주며 수도권 1억 8,000만 원(지방은 1억 2,000만 원) 한도까지 가능하다. 자녀가 2명 이상인 가구는 대출금액이 2억 2,000만 원(지방은 1억 8,000만 원) 한도까지 가능하다. 0.5~1%까지 우대금리를 적용받으면 1%대의 대출금리가 된다. 금리가 저렴하나 대출한도가 작으므로 전세보증금이 2억 원 이하의 소액인 경우가 많다.

버팀목 전세자금대출과 중소기업 청년 전세대출은 대출상담사가 취급하지 않고, 세입자 본인이 직접 은행에 방문해서 상담해야 한다. 은행 창구에서 대출 가능 금액을 확인한 후에 전세계약을 진행한다. 은행 창구와 대출상담사를 통해서 전세자금대출을 받을 사람의 적격 여부를 미리 확인한 후에 전세계약을 진행하는 것이 좋다.

전세가 귀할 때 높은 금액으로 전세계약을 진행했는데, 계약 만료 시에 전세가격이 떨어져서 매매가격 이하가 되면 세입자가 전세보증금을 반환받는 데 어려움을 겪는 경우가 종종 있다. 만기 시에 전세보증금을 돌려받지 못하면 임차권 등기를 하고 경매를 진행하면 경매 낙찰가격에서 보증금을 돌려받을 수 있는 제도가 있다. 만약 경매 낙찰 가격(과 경매비용을 합한 금액)이 보증금보다 작으면 보증금 전체를 돌려받지 못하고, 나머지는 채권이 되어 임대인에게 민사소송을 해서 돌려받아야 한다. 경매 낙찰 전까지 보증금을 돌려받지 못해서 이사하지 못하는 상황이 발생한다. 이러한 상황을 타개하기 위해서 SGI 서울보증보험이나 주택도시보증공사(HUG), 한국주택금융공사(HF)를 통해서 전세보증금 반환보증보험에 가입한다.

전세보증금을 돌려받지 못하는 세입자에게 만기 시에 우선 돌려받고, 해당 기관은 임대인에게 구상권을 행사한다. 세입자는 만기에 전세보증금액을 회수해 이사를 갈 수 있다. 전세가격과 매매가격의 차이가 적은 지역을 포함해 전세보증금 반환보증보험의 가입이 늘어나는 추세다.

전세보증금 반환보증 가입이 가능한 금액은 선순위채권(근저당금액+선순위보증금+내 보증금)이 주택가격보다 작으면 된다. 전세보증 가입 대상은 아파트, 다세대주택, 단독주택, 다가구주택, 주거용 오피스텔이고, 근린생활시설과 불법건축물은 가입 대상이 안 된다. HUG(주택도시보증공사), HF(한국주택금융공사) 같은 경우 보증금액이 수도권 7억 원 이하, 기타 지역은 5억 원 이하지만, SGI는 아파트는 제한이 없고 일반주택은 10억 원까지 보장해준다.

수수료는 보증금액이 범위가 넓은 SGI의 경우는 아파트 전세보 증금의 0.192%, 기타 주택은 0.218%, HUG, HF의 경우는 아파트 는 0.128%, 주택은 0.154%다. HF는 정부에서 운영하는 만큼 추 가 혜택이 있는데 한부모가족, 고령자, 저소득 청년가구와 연 소득 4,000만 원 이하 신혼부부의 경우는 보증료를 50~60% 할인해준 다. 가입기간은 HF의 경우는 전세 계약기간 4분의 1이 경과하기 전까지(6개월까지라고 보면 됨), HUG의 경우는 전세 계약기간의 2분의 1이 경과하기 전까지다. 전세자금은 보증기관(HUG, HF, SGI)을 통해 서 보증서를 발급 후 은행에서 대출 실행한다.

전세보증금 반환보증보험은 임대인이 외국인이나 재외동포이면 HF(주택금융공사)만 가입이 가능하고, 법인이면 따로 지사에 연락해 야 한다. 임차인은 외국인, 재외국민은 SGI만 가입이 가능하고, 최 고 한도는 2억 원이며, 임대인이 3개월 이상 소유해야 된다. 갭 투 자 목적으로 매매하면서 임대를 놓는 경우는 전세보증보험 가입에 제한이 생긴다. 임차인이 법인이면 전세권 설정을 해야만 가능한데, 전세권설정을 했으면 추가비용을 들여서 전세보증보험에 가입할 이유가 별로 없어 보인다.

전세대출과 전세보증보험의 가입을 위해서는 반드시 공인중개사 의 인장이 들어간 임대차 계약서가 필요하다. 갱신계약의 경우에도 전세대출이 있거나 전세보증보험을 유지하기 위해서는 공인중개사 의 인장 날인이 필요하다.

전세대출은 2년 단위로 정해진다. 일반적으로 26개월, 28개월짜 리 등의 계약은 인정해주지 않으나 정부 보증의 안심전세대출은 반환보증 기간 포함 25개월까지 가능하다. 주택임대차 계약서는 사적 자치의 영역이라서 상호 합의하면 주택임대차보호법과 다르게 임차인에게 불리한 내용이 아니면 유효하다. 하지만, 대출은 은행의 영역이다. 은행이라는 기관은 형식적인 서류와 내용을 중시하므로, 대출을 받으려고 하면 반드시 은행에 계약서 확인을 받아서 진행한다. 공인중개사나 계약 당사자가 임의로 바꿀 수 없다.

그리고, 정부의 창구지도로 가계대출을 억제하고 있는 상황에서, 주택매매 시 대출 알선이 중요한 요소가 되고 있다. 매매의 주택담보대출의 경우는 대출 실행일의 60일 전, 전세자금대출은 30일 전에 신청한다. 잔금 후 3개월까지는 주택담보대출이 가능하다. 전세대출은 입주 후에는 불가능하고, 갱신계약은 증액분에 대한 추가 대출만 가능하다.

조정대상지역에서 본인 거주 집(A) 외에 추가로 구입하는 집(B)에 세입자가 있는 경우에는 B 주택의 잔금과 동시 또는 잔금 후 3개월 이내에 입주(A 주택은 매도)하면 주택담보대출이 가능하다. 그러나 세입자가 살고 있어 3개월 이내 입주가 안 되면 세입자 만기 시(또는 명도 시) 주택담보대출이 아닌, 전세퇴거자금대출의 형태로 대출 진행이 가능하다.

주택담보대출에서 유의할 점은 규제지역은 대출금액이 제한(투기지역 40%, 조정지역 50%)되므로 70%까지 대출받고 싶은 경우에는 계약 시 신경 써야 한다. 실수요자인 무주택 세대주가 시세 8억 원 이하의 주택을 구입 시 70%까지 대출이 가능하다(규제지역도 동일함. 단, 부부 합산 9,000만 원 이하 소득 조건 있음). 규제지역의 제한보다 대출금액을 많이 받고 싶은 1주택자가 갈아타기 할 때는 무주택 조건을 만

들어줘야 한다. 잔금일 20일 전에 등기명의를 매수자에게 이전하면 가능하다. 무주택 상태에서 대출 신청을 하기 위해 등기명의를 20일 전에 넘긴다. 대출 심사 기간 20일 정도를 감안한 것이다. 20일 동안은 주인세 조건(매도인이 세입자가 되는 임대차계약 체결함)으로 한다. 매수자가 대출을 얼마나 받아야 하는지 계약 전에 물어봐서 대출금액이 클 경우에는 계약 시에 주인세 조건으로 가능한지 매도자에게 사전에 의사 타진을 해봐야 한다. 1주택자로서 갈아타기 하는 매수자라면 계약서 작성 전에 미리 대출금액을 체크해보는 것이 좋다. 대출금액이 많다면 대출상담사와 통화 후에 주인세 조건을 걸고, 잔금일 20일 전에 등기이전을 해줄 수 있게 계약서에 반영하도록 한다.

2장

초보 공인중개사를 위한
똑똑한 부동산 중개 노하우

01

중개업소 간
공동 중개 규약

   부동산 중개는 공동 중개와 단독 중개(흔히 '양타'라고 함)로 나뉜다. 주택이나 아파트 등 주거용 부동산 위주로 거래하는 곳은 공동 중개가 전체 거래의 70~80%를 차지한다. 상가, 공장 같은 물건을 취급하는 경우는 공동 중개의 비중이 매우 낮지만, 토지를 취급하는 경우에는 많은 경우 10여 개의 중개업소가 공동 중개를 하기도 한다. 토지는 보통 똠방들(지방의 토지 거래 시 공인중개사 자격증이 없지만, 물건지의 이장을 비롯한 사람들)이 개입을 하게 된다.

   일반적으로 공동 중개가 많은 주거지역을 중심으로 이야기를 해보겠다. 손님이 있는 중개업소와 부동산 물건이 있는 중개업소가 함께 중개하는 것을 '공동 중개'라고 한다. 공동 중개 시 중개 보수는 각각의 손님에게서 법정 중개 보수를 받는다. 거래가액이 큰 상가의 경우에는 중간에 1~2개의 중개업소가 더 개입해 3~4개 중개업소가 공동 중개하는 때도 있다. 이런 경우에는 물건을 소개하는 중개업소에서 손님을 모시고 오는 중개업소에 "뒤에 중개업소가 하나 더 있는데 3타 해도 되나요?" 하고 물어본다. 손님 중개업소에서 수락하면 물건 쪽과 손님 쪽 중개 보수를 모두 합해 동등하게 1/n로 나누어 갖는다.

만약에 손님 중개업소에서 본인 손님이 확실하거나 지인이라서 중개 보수를 많이 깎아 줘야 하는 경우에 이렇게 의사표시를 한다.

"물건 쪽 중개업소는 두 업소가 중개 보수를 나누어 갖고, 손님 쪽 중개 보수는 손님 중개업소에서만 받겠다."

이러한 합의는 처음 물건을 소개할 때나 물건이 마음에 든다고 해 계약이 진행되기 전에 미리 정한다.

아파트지역은 공동 중개 시 사설 거래정보망이나 한국공인중개사협회에서 운영하는 한방 또는 인터넷 카페 등을 통해서 물건의 정보를 얻어서 공동 중개를 한다. 요즘은 고객들이 네이버 부동산 매물을 많이 신뢰하기 때문에 네이버 부동산에 나온 매물을 보고 물건 중개업소에 전화해서 공동 중개해도 되는지 물어보고 공동 중개를 시도한다. 공동 중개를 할 때는 규칙이 있다. 지역마다 다르고 때에 따라 다르지만, 일반적으로 서로 지켜야 할 가장 기본적인 내용을 살펴보면 다음과 같다.

APT 공동 중개 규칙

1. A부동산 중개업소의 '갑' 물건을 B부동산 중개업소가 공동 중개로 보여준 후, 의뢰인이 직접(전화 포함) B부동산 중개업소에 의뢰 시, B부동산 중개업소는 A부동산 중개업소에 물건 접수 사실을 통보한다. 그러면 7일 후에 B부동산 중개업소 물건이 된다.

2. 1의 경우, B부동산 중개업소는 '갑' 물건의 소유주에게 직접 연락해 물건을 접수하지 않는다.

3. 1의 경우, '갑' 물건을 본 B부동산 중개업소의 해당 손님은 '갑' 물건 접수 통보 후에도 A부동산 중개업소와 공동 중개해야 한다('갑' 물건 접수 후 7일이 지나도 공동 중개해야 한다).

4. A부동산 중개업소의 물건을 B부동산 중개업소와 계약하기로 동의한 후에 A부동산 중개업소 손님과 양타하기 위해 B부동산 중개업소의 해당 손님과 계약을 미루는 것을 금지한다.

5. A부동산 중개업소는 고객과 계약하기로 합의한 후에 중개 보수 인하 등을 미끼로 B부동산 중개업소에서 A부동산 중개업소의 손님을 유인하는 행위를 금한다.

6. 한쪽 부동산 중개업소에서 물건이 나온 후에 인근 층을 포함해서 물건을 특정해서 명함 작업하는 것을 금지한다.

　이러한 것들만 지켜져도 공동 중개 시 서로 얼굴 붉히고 다툼이 생기는 경우를 어느 정도 예방할 수 있다.

02

계약서 작성 및 특약

　손님과 거래에 합의하면 합의 내용을 바탕으로 공적장부를 발급받아서 계약서를 작성한다. 계약서는 법정 양식이 없다. 공인중개사법에 특정된 양식은 없다. 민법에도 부동산 계약은 유상, 쌍무계약의 성질을 띤다고 되어 있다. 금전적인 대가를 주고받고 서로 합의하면 계약은 성립한다. 문서가 아닌 구두계약도 성립한다. 다만 계약이 있었다는 사실을 입증하기 곤란하기 때문에 문서의 형태로 계약서를 작성한다. 특히 부동산 계약처럼 적지 않은 금액이 오갈 때는 반드시 문서로 남겨야 한다. 부동산 계약서의 내용에는 부동산 소재지, 합의된 금액, 계약금, 잔금, 필요시에는 중도금까지 금액 및 지급일을 적어야 한다. 그리고 계약 당사자의 인적사항(성명, 주민등록번호, 주소, 전화번호)과 서명 또는 인장 날인이 필요하다. 인장은 반드시 인감도장(동 주민센터에 등록된 인장)일 필요는 없다.

　중개업소에서 중개했다면 공인중개사의 서명과 등록인장 날인도 필요하다. 특히, 전세대출의 경우에는 공인중개사의 인장 날인이 없는 쌍방합의는 은행에서 계약서의 효력을 인정하지 않아서 전세자금대출을 받을 수 없다. 2020년 7월 31일부터 주택임대차법의 개정으로 계약갱신 청구권이 생겨서 더욱 유의해야 한다. 2년 계약이 종료된 후에 재계약 시 쌍방합의로 계약서를 작성하면 전세대출이 안 되기 때문에 세입자에게 전세대출 여부를 확인해서 공인중개사의 인장 날인이 필요한지, 아닌지를 확인해야 한다.

매매계약을 해 매수자가 갭 투자를 해서 전세를 놓는 조건으로 진행하는 때도 있다. 이때 임대차계약의 임대인은 매도자 또는 매수자 중 누구와 계약을 해야 할까? 임대차계약 당시는 매도자가 소유자이지만, 잔금 시에는 소유자가 매수자로 바뀌기 때문에 헷갈릴 수 있다. 법적으로는 매도자, 매수자 누구와 계약을 해도 무관하다.

전세대출이 필요한 경우에는 전세대출을 받으려고 하는 은행에 먼저 문의한 후에 진행하는 것이 좋다. 은행에 따라서 임대인으로 매도인과 매수인 중 선호하는 경우가 다르기 때문이다. 이상과 같이 계약서는 사적 자치의 영역이라 법적인 양식은 없지만, 최소한 필요한 내용이 들어가야 하고, 주택담보대출 또는 전세자금대출 시 은행에서 요구하는 형식에 맞춰서 작성해야 한다.

계약서 작성 시 부동산 물건지 주소는 '지번 주소'로 작성하고, 임대인, 임차인, 공인중개사란 주소는 '도로명 주소'로 작성한다. 도로명 주소 도입 초기에는 본인 집의 도로명 주소를 잘 몰라서 공인중개사가 지번 주소를 받아서 일일이 도로명 주소로 바꿔줘야 했다. 지금은 도로명 주소를 시행한 지 시일이 지나서 많은 사람이 도로명 주소를 잘 알고 있다.

공인중개사는 임대인, 임차인의 신분증을 받아서 계약서에 인적사항을 적는다. 그리고 신분증에 기록되지 않은 주소 변동이 있었는지 확인한다. 계약서 작성을 위해서 신분증을 복사해서 보관하더라도 잔금 시에는 파기해야 한다. 잔금 이후에도 계속 보관 시에는 개인정보보호법에 위배된다.

계약서 작성 시 꼭 체크해봐야 할 중요한 특약을 살펴보자. 대리인이 계약할 때는 대리권 보유를 확인한다. 가장 좋은 것은 본인 신분증과 위임장, 인감도장, 인감증명서(본인 발급)를 소지한 대리인이 참석하는 것이다. 대리인이 가족이라면 가족관계증명서를 요구하는 것도 좋다. 이렇게 서류를 갖췄더라도 본인과 통화해서 대리인에게 계약에 관한 권리를 위임했는지 물어본다.

본인과 통화 시 스피커폰 모드로 설정해서 계약에 참석한 사람들이 모두 들을 수 있게 한다. 본인에게 물어볼 사항은 '중개대상물 물건의 소재지'를 말해주고, "이러한 금액으로 이러한 계약을 위임했냐?"라고 물어본다. '본인 인적사항'을 물어봐서 본인 여부를 확인한다.

"○○○씨, 본인 주민등록번호가 어떻게 되나요?"
"아들 ○○○에게 이 물건의 계약을 위임하는 거죠?"

이런 식으로 구체적으로 물어본다.

매도인이나 임대인이 부부 공동소유면 두 명이 다 나와야 한다. 부득이하게 한 사람만 나오면 위임장과 인감증명을 첨부하고 본인과 통화해서 확인받는다. 임대차의 경우는 한 사람만 나오는 경우가 많은데, 임대차 같은 일상의 가사대리는 부부끼리는 대리할 수 있다고 법에는 나와 있기는 하지만, 전세의 경우 차후에 보증금 반환에 대한 책임에서 본인은 몰랐다고 회피하면 임차인이 불리하다. 부부의 경우라도 명의자 전부의 도장을 받고 본인에게 대리권을 줬는지 유선으로 확인한다. 이러한 대리계약은 특약에 이렇게 쓴다.

'매도인(임대인) ○○○를 대리해 □□□가 참석했고, 본인 ○○○과 2020○년 ○월 ○일 ○시경 통화해 □□□에게 대리권을 줬음을 확인함.'

전세계약의 경우에는 보증금에 대한 우선순위를 확보하기 위해 특약에 이렇게 쓴다.

'주식회사 국민은행에 설정된 근저당 채권최고액 5억 원은 잔금 시까지 상환 말소하며, 잔금일 익일까지 등기사항 증명서상의 권리변동은 없기로 한다.'

주택임대차에서 임차인이 전입신고와 확정일자를 받고 실제 거주를 시작하면, 다음 날 0시부터 대항력을 가지게 된다. 그 이후에 설정된 근저당보다 선순위를 갖게 되는 것이다. 근저당 설정은 당일 9시부터 효력이 발생하기 때문에 잔금일에 근저당 설정이 되면, 임차인이 대항력을 갖게 되는 다음 날(익일) 0시보다 15시간이나 효력이 먼저 발생한다. 그래서 잔금일이 아닌 잔금일 익일까지 근저당 설정이 안 되게 해야 하는 것이다.

임대차기간 중간에 임차인이 나가면 중개 보수의 책임에 대한 언급이 없으면 임대인 부담이 된다. 물론 현실에서는 임차인이 계약을 중간에 해지하고 나가기 때문에 임차인이 중개 보수를 부담한다. 그래도 특약에 넣어두면 나중에 임차인이 중간에 나갈 때 중개보수에 대한 다툼이 생길 우려가 적다. '임대차계약 기간 만료 전이사할 경우 중개 보수는 임차인이 부담한다'라고 특약에 적는다.

상가나 오피스텔, 공장처럼 일반과세(간이과세) 임대사업자가 있는 물건의 매매 시에는 부가세 처리에 대해서 특약에 언급한다. 매수인이 매도인의 임대사업자를 그대로 승계하는 경우에는 아주 간단하다. 다음과 같은 특약을 넣는다.

'양 당사자는 포괄양수도 하기로 한다.'

양도인(매도인)은 임대사업자가 있는데, 매수자는 부동산 물건을 직접 사용해 임대사업자를 말소하는 경우에는 복잡해진다. 부가가치세가 토지는 면세이고 건물에만 있다. 매매목적물의 건물가격과 토지가격을 분리해서 특약에 적는다. 보통은 공시가격의 비율로 나눈다.

예를 들어 매매가격이 10억 원이라면, 건물 공시가격 4억 원, 토지 공시가격 1억 원이라면 건물과 토지의 매매가격을 4:1의 비율로 나누어서 건물가격 8억 원, 토지가격 2억 원으로 정한다. 현실에서는 이렇게 금액이 정확하게 떨어지기 어렵다. 매도자가 평소에 세금처리 시 건물 감가상각을 한 경우에는 더욱 복잡해진다. 건물과 토지의 가격을 나누지 못해서 계약을 못 쓴다면 문제가 아닌가?

그래서 현장에서는 이렇게 특약을 작성한다.

'건물과 토지가격의 비율은 공시가격을 고려해 세무사
가 정한 감정가격에 따라 추후 결정한다.'

상가 임대차의 경우는 일반적인 특약에 들어가는 조항들을 적어
보면 다음과 같다.

- 임차인 영업을 위해 필요한 인허가 문제는 임차인이 책임지기
  로 한다.
- 임차인은 임대인에게 일체의 권리금을 주장하지 못한다.
- 계약 종료 시 변경된 내부시설은 계약 만료 후 최초 분양 상태
  로 원상 복구해 임대인에게 명도하기로 한다.
- 임대인은 인테리어 기간을 15일을 주기로 한다. 인테리어 기
  간 동안 차임은 발생하지 않으며 관리비는 임차인 부담이다.
- 월세에 부가세는 별도다.

이런 정도를 넣으면 상가임대차의 특약은 기본적인 사항을 적은
것이다.

03

중개대상물 확인·설명서와 공적장부 열람

중개대상물 확인·설명서 작성 부실기재가 공인중개사 처벌의 대부분을 차지한다. 따라서 확인·설명서 작성법을 제대로 알아서 문제가 없도록 해야 한다. 사실 고객들은 계약서에 주요한 내용이 거의 다 결정되기 때문에 확인·설명서 내용에는 별 관심이 없다. 그저 중개업소에서 형식적으로 작성하나 보다 하는 것이다.

중개대상물 확인·설명서에 대한 공인중개사법 규정에 따르면 다음과 같다.

공인중개사법

제25조(중개대상물의 확인·설명)

① 개업공인중개사는 중개를 의뢰받은 경우에는 중개가 완성되기 전에 다음 각 호의 사항을 확인하여 이를 해당 중개대상물에 관한 권리를 취

득하고자 하는 중개의뢰인에게 성실·정확하게 설명하고, 토지대장 등
본 또는 부동산종합증명서, 등기사항증명서 등 설명의 근거 자료를 제
시하여야 한다. <개정 2011. 4. 12, 2013. 7. 17, 2014. 1. 28, 2020.
6. 9>

권리를 취득하고자 하는 중개의뢰인은 매수인과 임차인이다. 확
인·설명서 작성을 위해 발급(또는 열람)받은 자료를 매수인(임차인)에
게 줘야 한다. 앞의 법 25조에 따르면, 토지대장 등본 또는 부동산
종합증명서, 등기사항증명서를 제시해야 한다고 되어 있으므로 2
가지의 필수서류가 있는 것이다. 흔히 등기부등본이라고 하는 '등
기사항증명서'는 필수다. 소유권이나 저당권 등 권리 관계가 기재
되어 있으므로 이것을 소홀히 하는 공인중개사는 없다.

문제는 '토지대장' 또는 '부동산종합증명서'다. 둘 중 하나는 반
드시 발급받아야 한다. 토지 거래 시에는 '토지대장'만 발급받으면
되지만, 그 외의 모든 거래는 '부동산종합증명서'를 발급받아야 한
다. 앞의 필수서류 '등기사항증명서'는 '대법원 인터넷등기소'에서
유료로 발급(1,000원) 또는 열람(700원)하면 된다. 실명으로 가입해서
로그인하면 열람 후 1시간 이내에는 재열람(출력까지)할 수 있다. '부
동산종합증명서'는 '일사편리(https://kras.go.kr:444)'에서 유료로 발
급(1,100원)받으면 된다. 부동산종합증명서 대신 건축물대장과 토지
이용확인서 발급으로 처리하기도 한다.

자료 7의 중개대상물 확인·설명서 맨 위에 나오는 확인, 설명 근
거 자료 등에 반드시 체크(V)할 것은 다음과 같다. '등기사항증명서,
토지대장, 건축물대장, 토지이용계획확인서, 기타'이다. 그 밖의 자

■ 공인중개사법 시행규칙 [별지 제20호서식] 〈개정 2021. 12. 31.〉   (제1쪽)

중개대상물 확인·설명서[I] (주거용 건축물)

([ ]단독주택 [✓]공동주택 [✓]매매·교환 [ ]임대)

확인·설명 자료	확인·설명 근거자료 등	[✓]등기권리증 [✓]등기사항증명서 [✓]토지대장 [✓]건축물대장 [✓]지적도 [ ]임야도 [✓]토지이용계획확인서 [✓]그 밖의 자료(신분증)
	대상물건의 상태에 관한 자료요구 사항	거래당사자는 위 '확인·설명근거자료 등'에 대한 사항을 발급/열람, 검색을 통해 확인했으며, 물건의 현장답사를 통해 육안으로 확인/인지한 후 개업공인중개사가 작성한 아래의 9-12항에 대한 설명을 통해 각 항목 기재 사항을 확인하고 내용에 동의함.

유의사항		
개업공인중개사의 확인·설명 의무		개업공인중개사는 중개대상물에 관한 권리를 취득하려는 중개의뢰인에게 성실·정확하게 설명하고, 토지대장 등본, 등기사항증명서 등 설명의 근거자료를 제시해야 합니다.
실제 거래가격 신고		'부동산 거래신고 등에 관한 법률' 제3조 및 같은 법 시행령 별표 1 제1호 마목에 따른 실제 거래가격은 매수인이 매수한 부동산을 양도하는 경우 '소득세법' 제97조 제1항 및 제7항과 같은 법 시행령 제163조 제11항 제2호에 따라 취득 당시의 실제 거래가액으로 봐서 양도차익이 계산될 수 있음을 유의하시기 바랍니다.

I. 개업공인중개사 기본 확인사항

① 대상물건의 표시	토지	소재지	경기도 부천시 상동 5○○ 101동 501호			
		면적(㎡)	5,500㎡	지목	공부상 지목	대
					실제 이용 상태	
	건축물	전용면적(㎡)	59㎡		대지지분(㎡)	5500분의 20
		준공년도 (증개축년도)	1995년	용도	건축물대장상 용도	아파트
					실제 용도	
		구조	철근콘크리트구조		방향	남향(기준 : 거실창)
		내진설계 적용여부			내진능력	
		건축물대장상 위반건축물 여부	[ ]위반 [✓]적법	위반내용		

② 권리관계	등기부 기재사항	소유권에 관한 사항			소유권 외의 권리사항	
		토지	성명 : 홍길동 / 생년월일 : 77-07-07 주소 : 경기도 부천시 부일로 2○○	토지	국민은행에 채권최고액 240,000,000원 근저당이 설정됨.	
		건축물	성명 : 홍길동 / 생년월일 : 77-07-07 주소 : 경기도 부천시 부일로 2○○	건축물	상동	
	민간 임대 등록 여부	등록	[ ] 장기일반민간임대주택 [ ] 공공지원민간임대주택 [ ] 그 밖의 유형( )			
			임대의무기간		임대개시일	
		미등록	[✓] 해당사항 없음			
	계약갱신 요구권 행사 여부		[✓] 확인(확인서류 첨부) [ ] 미확인 [ ] 해당 없음			
	다가구주택 확인서류 제출여부		[ ] 제출(확인서류 첨부) [ ] 미제출 [✓] 해당 없음			

③ 토지이용계획 공법상 이용 제한 및 거래규제에 관한 사항 (토지)	지역·지구	용도지역	제3종일반주거지역		건폐율 상한	용적률 상한
		용도지구	방화지구		50%	280%
		용도구역	지구단위계획구역			
	도시·군계획 시설	없음	허가·신고 구역 여부	[ ]토지거래허가구역		
			투기지역 여부	[ ]토지투기지역[ ]주택투기지역[ ]투기과열지구		
	지구단위계획구역, 그 밖의 도시·군관리계획		과밀억제권역(수도권정비계획법)	그 밖의 이용제한 및 거래규제사항	조정대상지역	

210mm×297mm[백상지(80g/㎡) 또는 중질지(80g/㎡)]

		(30m × 20m)도로에 접함 [✔] 포장 [ ] 비포장		접근성	[✔] 용이함 [ ] 불편함

④ 입지조건	도로와의 관계	(30m × 20m)도로에 접함 [✔] 포장 [ ] 비포장		접근성	[✔] 용이함 [ ] 불편함
	대중교통	버스	(반달마을) 정류장 소요시간: ([✔] 도보 [ ] 차량) 약 3분		
		지하철	(송내) 역 소요시간: ([✔] 도보 [ ] 차량) 약 5분		
	주차장	[ ] 없음 [ ] 전용주차시설 [✔] 공동주차시설 [ ] 그 밖의 주차시설 ( )			
	교육시설	초등학교	(부천초등) 학교, 소요시간: ([✔] 도보 [ ] 차량) 약 3분		
		중학교	(부천중) 학교, 소요시간: ([✔] 도보 [ ] 차량) 약 5분		
		고등학교	(상동고등) 학교, 소요시간: ([✔] 도보 [ ] 차량) 약 10분		
	판매 및 의료시설	백화점 및 할인매장	(현대백화점), 소요시간: ([ ] 도보 [✔] 차량) 약 10분		
		종합의료시설	(순천향대학병원), 소요시간: ([ ] 도보 [✔] 차량) 약 10분		

⑤ 관리에 관한사항	경비실	[✔] 있음 [ ] 없음	관리주체	[✔] 위탁관리 [ ] 자체관리 [ ] 그 밖의 유형

⑥ 비선호시설(1km이내)	[✔] 없음 [ ] 있음 (종류 및 위치:)

⑦ 거래예정금액 등	거래예정금액		₩600,000,000	
	개별공시지가(㎡당)	3,245,000원	건물(주택)공시가격	405,000,000원

⑧ 취득 시 부담할 조세의 종류 및 세율	취득세	1%	농어촌특별세	%	지방교육세	0.1%
※ 재산세와 종합부동산세는 6월 1일 기준 대상물건 소유자가 납세의무를 부담						

Ⅱ. 개업공인중개사 세부 확인사항

⑨ 실제 권리관계 또는 공시되지 않은 물건의 권리 사항
　보증금 5,000만 원, 월세 150만 원, 만기 2023년 5월 1일의 월세 계약이 있음.

⑩ 내부·외부 시설물의 상태 (건축물)	수도	파손 여부	[✔] 없음 [ ] 있음 (위치:)		
		용수량	[✔] 정상 [ ] 부족함 (위치:)		
	전기	공급상태	[✔] 정상 [ ] 교체 필요 (교체할 부분:)		
	가스(취사용)	공급방식	[✔] 도시가스 [ ] 그 밖의 방식 ( )		
	소방	단독경보형 감지기	[ ] 없음 [ ] 있음(수량: 개)	※ '화재예방, 소방시설 설치 및 안전관리에 관한 법률' 제8조 및 같은 법 시행령 제13조에 따른 주택용 소방시설로서 아파트(주택으로 사용하는 층수가 5개 층 이상인 주택을 말한다)를 제외한 주택의 경우만 작성합니다.	
	난방방식 및 연료공급	공급방식	[ ] 중앙공급 [✔] 개별공급	시설작동	[✔] 정상 [ ] 수선 필요 ( ) ※개별 공급인 경우 사용연한 ( ) [ ] 확인불가
		종류	[ ] 도시가스 [ ] 기름 [ ] 프로판가스 [ ] 연탄 [✔] 그 밖의 종류 (지역난방)		
	승강기	[✔] 있음 ([✔] 양호 [ ] 불량) [ ] 없음			
	배수	[✔] 정상 [ ] 수선 필요 ( )			
	그 밖의 시설물				

⑪ 벽면·바닥면 및 도배 상태	벽면	균열	[✔] 없음 [ ] 있음 (위치:)
		누수	[✔] 없음 [ ] 있음 (위치:)
	바닥면		[ ] 깨끗함 [✔] 보통임 [ ] 수리 필요 (위치:)
	도배		[ ] 깨끗함 [✔] 보통임 [ ] 도배 필요

⑫ 환경조건	일조량	[ ] 풍부함 [✔] 보통임 [ ] 불충분 (이유:)	
	소음	[ ] 아주 작음 [✔] 보통임 [ ] 심한 편임	진동 [ ] 아주 작음 [✔] 보통임 [ ] 심한 편임

료에는 '신분증'이라고 적어놓으면 된다. 이 중에서 주의할 것은 아파트나 빌라 등 집합건물 중개 시 등기사항증명서는 체크를 잘 하는데, 토지대장, 건축물대장은 체크를 잘 안 하는 경향이 있다. 반드시 토지대장, 건축물대장에도 V 표시를 해야 한다.

임대차는 생략하는 경우가 많은데 무조건 V 표시를 해야 한다. 법에는 임대차는 생략해도 좋다고 나와 있지 않기 때문이다. 임대차의 경우에 ③ 토지이용계획, 공법상 이용제한 및 거래규제에 관한 사항은 공동주택, 단독주택의 경우에만 생략해도 된다. ⑧ 취득 시 부담할 조세의 종류 및 세율도 생략해도 좋다. 이때 생략하라는 것은 공란으로 두라는 것이 아니고, 항목마다 '임대차 생략' 또는 '해당 없음'이라고 써넣는다. 공란으로 두어서 등록관청(시, 군, 구청)으로부터 확인·설명서 부실 기재 내지는 미기재로 과태료 처분(250만 원~500만 원)을 받는 경우가 종종 있다.

그리고 임대차가 포함된 주택매매의 경우에는 확인·설명 자료 : 대상물건의 상태에 관한 자료요구사항에 이렇게 적으면 좋을 것 같다.

'본 중개대상물을 의뢰받아 확인, 설명 근거 자료 등 열람/발급 검색해 ② 권리 관계의 계약갱신요구권 행사 여부 및 Ⅱ. 개업공인중개사 세부확인사항(⑨~⑫번) 등을 매도인의 확인 및 매수인이 현장 답사하고, 육안으로 확인 및 인지한 후 설문 및 문답식으로 각 항목 체크/기재 개업공인중개사 설명, 특약사항 이행하며, 임대/임차인 동의로 계약을 체결함(등기권리증 미제출).'

③ 토지이용계획, 공법상 이용제한 및 거래규제에 관한 사항(토지)은 토지이용계획확인원을 열람해서 확인한다. 주의할 점은 건폐율 상한, 용적률 상한은 동일한 용도지역에서 전국 어디나 똑같지 않다는 사실이다. 부동산 물건 소재지 지방자치단체 도시계획 조례에 나온 건폐율, 용적률의 최고 상한을 적는 것이다. 용도지역별로 조례를 참고해 미리 작성해서 가지고 있다가 부동산 거래 계약 시 적어 넣는다.

⑧ 취득 시 부담할 조세의 종류 및 세율에는 조정대상지역 등 규제지역의 경우에는 주택의 취득세 계산 시 주택 수에 따른 중과세율 계산을 해서 적는다. 주의할 점은 주택임대사업자를 낸 주택도 주택 수에 포함된다는 것이다. 2020년 8월 12일 이후 취득한 조합원입주권, 주택 분양권, 주거용 오피스텔도 주택 수에 포함된다. 매수자 세대 내에서 모든 아파트 등 주택, 오피스텔 및 분양권을 임대사업자를 낸 그것까지 포함해서 나열한 후에 법무사와 상의해서 취득세율을 적는다. 이러한 내용을 계약서 특약에 명시한다. 매수자가 1세대 1주택이라고 말하면, 특약에 이렇게 적는다.

'확인·설명서상의 취득세율은 매수자의 구술에 의해 세대별 1주택 기준이며, 2주택은 8%, 3주택 이상은 12%이며, 관련 부가세는 별도임.'

취득세율 계산의 근거가 되는 내용을 적지 않고 취득세율을 적었는데, 매수인이 인지하지 못하고 있는 숨은 주택이 나와서 취득세가 중과세(2주택 8%, 3주택 12%)될 경우 공인중개사의 책임 소재 문제가 있으므로 앞과 같이 특약에 적는다.

⑨ 실제 권리 관계에 공시되지 않은 물건의 권리사항은 공란으로 두지 말고, 임대차 시에는 현재 임대보증금과 기간을 적고, 소유자가 거주 시에는 '특이사항 없음'이라는 식으로라도 반드시 무언가를 적어야 한다. 공란은 확인·설명서 미기재로 과태료 대상이다.

⑩~⑫ 항목은 전부 적어주며, 신축 외에는 상태가 좋아 보여도 '보통'에 체크(V)하는 것이 좋다.

이상과 같이 확인·설명서를 작성하면 큰 문제는 없을 것으로 보인다. 다만, 공동 중개 시 양쪽 공인중개사는 각각 책임이 있으므로 물건지 공인중개사가 확인·설명서 작성에 비협조적이면 매수자의 중개업소로 손님을 모시고 와서 앞과 같이 재작성하고 누락된 공적 장부를 발행해서 제공한다.

04

가계약 시
문자 보내기

  나이 드신 분 중에 가끔은 24시간 이내에는 부동산 계약을 해제할 수 있다고 생각하는 사람들이 있다. 부동산 계약은 당사자의 합의로 해제할 수도 있고, 계약금을 낸 상태에서 당사자 중 한쪽이 배액을 상환하고 계약을 해제할 수 있다. 생활 주변에서 24시간 이내에는 해약할 수 있다는 것은 소비자 보호 약관에 의한 것으로, 생활 소비품 구매 시에 해당하고 부동산 거래에서는 해당하지 않는다. 부동산 중개업소의 상담 테이블 유리판 아래에 다음과 같은 문구를 넣어두어서 사전에 분쟁을 예방한다(89쪽 계약의 해제 참고).

  글자로 인쇄되어 출력된 것은 권위를 가지면서 계약 당사자에게 따로 인지시키지 않아도 효력을 가진다. 거래당사자가 서로 마주 보고 앉아서 계약서를 작성하고 계약금을 교부해서 부동산 계약이 성립되는 것이 가장 이상적이다. 하지만 현실은 긴박하게 돌아가면서 비정상적인 방법으로 계약이 이루어지기도 한다. 흔히 '가계약'

계약의 해제

- 일단 계약이 성립하더라도 당사자의 합의로 계약을 해제할 수 있다.
- 또한, 일정한 사유가 발생하면 당사자 일방이 이를 해제할 수 있는 권리가 생긴다(민법 제565조).
- 그러나 생활 주변에서 24시간 이내에는 해약할 수 있다는 것은 소비자 보호 약관에 의한 것으로 생활소비품 구매 시에 해당하고 부동산은 해당하지 않는다.
- 계약금을 교부한 상태에서 당사자 일방이 계약 당시에 금전 기타 물건을 계약금, 보증금 등의 명목으로 상대방에게 교부한 때에는 당사자 간에 다른 계약이 없는 한 당사자의 일방이 이행에 착수할 때까지 교부자는 이를 포기하고, 그 수령자는 그 배액(倍額)을 상환해 매매계약을 해제할 수 있다.

이라고 하는데, 계약금의 일부만 송금하고 나머지 계약금은 계약서 작성 시 보내는 형식을 띤다. 가계약은 해약할 수 있는 가짜 계약이 아닌, 해약하면 배액상환 해야 하는 진짜 계약이다. 다만 계약금 전부가 아닌, 일부만 보내고 계약서 작성은 나중에 시간 내서 진행하기로 약속하는 것이다.

부동산 물건을 봤는데 바로 계약을 할 수 없는 상황에서, 거래가 쉽게 이루어지는 부동산 물건의 경우에는 먼저 계약금의 일부를 보내서 일단 계약을 성립시키고 난 후에 계약서를 작성하기 위해서 따로 약속을 잡는다. 이때 구두로만 이야기하고 영수증에 부동산 물건의 가계약금이라고 쓰는 경우가 있다. 금액이 작은 소형 오피스텔이나 원룸의 월세 계약의 경우에는 물건이 계속 나오기 때문에 꼭 그 물건이 아니어도 상관이 없으므로 이런 식으로 간단하게 처리해버리기도 한다.

　그 외에 주택의 전세나 매매의 경우에는 마음에 딱 맞는 물건을 보고 계약을 하고 싶은데, 임대인이나 매도인의 시간에 맞추려면 시간이 걸리기 때문에 바로 계약을 할 수 없는 때도 있다. 그 물건이 전

○○ 부동산 중개업소입니다.
경기도 부천시 대산동 부천아파트 B동 1305호 매매 관련 정리해드립니다.

[부동산 가계약서]

1. 부동산의 표시 : 경기도 부천시 대산동 부천아파트 B동 1305호
2. 매매예정금액 : 6억 원
3. 계약금 : 6,000만 원
4. 가계약금 : 500만 원
5. 본 계약체결일 : 2022년 3월 27일
6. 매도인 인적사항 :
7. 매수인 인적사항 :
8. 매도인 계좌번호 :
9. 거래약정내용 :
　가. 다른 약정이 없는 한 매도인은 가계약금의 배액을 상환하고, 매수인은 가계약금을 포기하고 계약을 해제할 수 있고, 가계약 체결 후 매도인, 매수인 어느 한쪽이 계약 불이행하는 경우는 가계약금을 위약금으로 본다.
　나. 가계약의 효력은 가계약 체결일로부터 본 계약이 체결될 때까지 유효하다.
　다. 본 가계약은 매도인/매수인에게 위 부과 조건이 기록된 본 가계약 내용의 문자를 핸드폰으로 발신해 동의를 받고, 가계약금은 매도인 명의 계좌로 온라인 송금한다.
　라. 중도금 및 잔금일에 관한 사항은 계약 시 협의한다.
　마. 집주인 거주하며, 대출 및 하자 없음.

속계약이 아닌 경우 다른 부동산에서 계약을 해버리면, 고객이 원하는 부동산 물건을 찾아준 수고가 헛되게 된다. 이 물건을 다른 부동산보다 먼저 계약을 성사시키기 위해서 계약금 일부를 보내게 된다.

이때 앞의 오피스텔이나 원룸의 경우처럼 영수증에 가계약금이라고 써주면 안 된다. 계약의 형식을 제대로 갖추지 않고 진행하기 때문에 90쪽 부동산 가계약서 예시와 같이 양 당사자에게 문자나 카톡으로 송부하고, 그다음에 가계약금(계약금의 일부)을 주고받는 것이 좋다.

법적으로 '가계약금'이라는 용어는 존재하지 않는다. 가계약금은 계약금의 일부다. 앞과 같은 문구를 문자(카톡)로 보낸 후에 앞의 내용에 동의하는지 여부에 대한 거래당사자들의 회신을 받는다.

가계약금(계약금의 일부)을 보낸 후에는 최대한 빨리 계약서를 작성해서 계약서가 완전히 성립이 되도록 하는 것이 좋다. 구두로만 계약조건을 말하고, 가계약금만 보낸 상태에서 계약이 해제될 경우 공인중개사는 골치 아픈 상황에 놓인다. 앞의 사례처럼 500만 원의 가계약금을 송금한 경우에 양 당사자 합의로 500만 원을 위약금으로 합의할 수 있다. 앞과 같이 문자를 주고받으면서 계약 내용과 위약금을 합의해주면 나중에 분란이 생기는 것을 막을 수 있다. 이렇게 확실하게 해놓으면 계약이 해제될 우려도 적다.

구두 합의도 합의지만 입증의 문제가 있으므로 문자로 남겨 두는 것이 필요하다. 가계약은 중개의 완성이 아닌 중개 완성 이전 단계다. 중개의 완성은 계약서 작성이다. 가계약 시에는 거래계약서, 확인·설명서 작성 및 교부의무가 없고, 중개 보수청구권도 없다.

05

주택, 아파트 중개

초보자가 접근하기 쉬운 것이 오피스텔과 원룸이고 그다음은 주택, 아파트 같은 주거용 부동산 중개다. 이런 주거용 부동산은 여성 공인중개사들이 많이 활동하는 영역이다. 오피스텔, 원룸이 젊은 공인중개사들의 영역이라면, 주택, 아파트 중개는 40~50대 여성 공인중개사들이 주를 이루는 시장이라고 볼 수 있다. 공인중개사와 고객의 눈높이가 맞아야 중개업을 하기가 수월하다.

오피스텔, 원룸은 1인 가구를 주로 하는 특성상 젊은 고객이 많아서 비슷한 또래의 젊은 공인중개사가 마음이 잘 맞고 서로 편하다. 주택, 아파트는 2인 이상 가족이 구하게 되어서 집에 관한 관심과 애정은 여성들이 많으므로 남성보다는 여성 고객이 많은 편이다. 부부가 함께 와도 70~80%는 여성이 결정권을 가진다.

상가, 공장, 토지 같이 남성 고객이 많은 경우에는 남성 공인중개사가 서로 대화도 잘되고 소통하기 편하다. 주택이나 아파트 같은 주거용 부동산을 임장 가면 많은 경우 여성이 집을 보여주게 되는데, 같은 여자인 여성 공인중개사 또는 여자 실장이 가면 동일한 주부 입장에서 서로 이해할 수 있는 부분이 된다. 남성 공인중개사가 가면 살림을 보여주기 싫어하는 경향도 있는 편이다. 외간 남자(?)가 본인 집에 들어오는 것을 꺼린다고 할 수 있다. 부동산 정책과 부동산 관련 법의 변화가 많을 때는 분석적이고, 이성적으로 설명을 잘해주는 남성 공인중개사와 상담하는 것을 좋아하기도 한다. 하지만, 집을 보여주는 것은 여성 공인중개사나 여성 실장을 활용하는 것이 좋겠다.

주택이 많은 곳에서 중개하면 지번을 잘 알아야 한다. 과거에는 지도를 들고 다니면서 집을 찾았는데, 요즘은 스마트폰에 지도앱(네이버 지도, 카카오 맵)을 깔아놓고 찾아가면 쉽다. 주택은 물건마다 다르므로 물건을 접수할 때 대략적인 집의 크기(평수), 방과 화장실 개수, 거실의 크기(소파를 놓을 수 있는지)를 물어서 적는다. 아파트는 평형만 알면 된다. 네이버 부동산에 모든 아파트는 상세한 정보와 평면도까지 나오기 때문에 아파트의 구조는 자세히 물어보지 않아도 된다. 수리 상태만 물어보면 된다.

오래된 아파트일수록 수리 여부에 따라 집의 상태가 차이가 크게 난다. 발코니 확장 여부, 새시 교체, 싱크대, 화장실 수리 등 꼼꼼하게 항목별로 체크해가면서 물어본다. 그리고 언제 수리했는지도 물어봐서 7~8년 정도 됐으면 상태가 나빠지기 시작했다고 보면 되고, 10년 이상 된 것은 수리가 안 된 것으로 간주하면 된다.

가장 좋은 것은 물건을 접수할 때 집에 가서 상태를 보자고 하면서 사진과 동영상을 찍어두는 것이다. 고객으로서는 단순히 물건 접수만 하는 중개업소와 물건 접수 시 관심을 두고 방문해서 확인하는 중개업소 중 어느 쪽을 더 신뢰할지는 짐작이 갈 것이다.

요즘은 아파트의 경우 고객이 네이버를 통해서 물건을 찾는 경우가 많으므로 네이버 부동산에 물건을 올리기 위해서도 집의 내부 사진이 필요하다. 사진이 있는 매물은 같은 조건이라면 상위에 노출되고, 사진이 있으므로 고객의 호감을 사서 눈에 띄기 쉽다. 요즘 신축 아파트는 시스템 에어컨이 많은데, 스탠드형이나 벽걸이형처럼 떼어갈 수 있는 것이 아니다. 아파트나 주택에 딸린 옵션인 시스템 에어컨 유무와 개수도 확인해봐야 한다. 냉장고나 전기오븐이 아파트에 딸린 옵션인 경우도 있다.

집을 구하려는 손님이 오면 집을 매도 또는 임대차계약을 했는지, 아닌지를 체크해야 한다. 본인 집이 나가지도 않았는데 집을 구하는 사람은 그저 집 구경만 하고 갈 확률이 높다. 나중에 본인 집이 나간 다음에 우리 중개업소를 다시 찾아와서 계약한다는 보장이 없다면 집만 보여주는 것은 힘 빠지는 일이다. 부동산 중개는 계약을 써야만 중개 보수를 받을 수 있다. 집을 10번 보여줘도 계약서를 못 쓰면 헛심만 쓰는 것이다.

어떤 손님이 계약할지 모르기 때문에 모든 손님에게 최선을 다해야 하는 것이 원칙적으로는 맞는 말이다. 하지만 헛심을 쓰고 있을 때 진성 손님을 받지 못한다면 손해가 아닌가? 그리고 물건이 잘 나가지 않을 때는 손님을 모시고 가면 부동산 물건을 의뢰한 고객이 좋아하지만, 주택의 경우에는 고객의 사적인 공간이기 때문에 너무 자주 보여주고 거래가 성사되지 않으면 고객들이 싫어하는 경우가 많다. "우리 집은 샘플로만 보여주고 계약은 안 되냐?"라고 오해하는 분들도 있기 때문이다.

부동산 물건을 보는 것을 '임장'이라고 한다. 임장할 때 주의사항이 있다. 집을 보러 가도 되냐고 물어볼 때 거주자가 "사람이 없으니 비밀번호를 알려주겠다"라고 하는 경우 다른 손님이 들을 수 있게 복창을 하면 안 된다. 소리 없이 받아 적어야 한다. 그리고 현관 번호 키를 누를 때도 동행 고객이 볼 수 없게 핸드폰이나 휴대한 다이어리로 가리면서 번호를 눌러야 한다. 노출된 비밀번호는 범죄로 연결될 수 있음에 유의해야 한다.

　주거용 부동산 임장을 갈 때 화장실에는 공인중개사가 먼저 들어가서 살펴보는 것이 좋다. 세면대에 반지나 시계가 있거나, 벗어놓은 바지에 지갑이 있는 경우에 도난사고가 종종 있기 때문이다. 그리고 고객이 여러 명일 때 공인중개사와 고객이 같은 동선으로 함께 볼 수 있도록 유도해야 한다. 여러 명이 주위를 분산시키면서 물건을 훔쳐 가는 경우가 생기기 때문이다. 도난사고가 생기면 공인중개사가 곤란해질 수밖에 없다.

　주택, 아파트 같은 주거용 부동산은 초보자도 쉽게 접근할 수 있고, 연륜이 오래되어 고객과 친해지다 보면 투자용 부동산 매수를 의뢰받아서 상가나 토지의 중개로 연결될 수도 있다. 주거용 부동산은 모든 고객이 가지고 있는 부동산 물건이므로, 다른 부동산 물건을 취급하는 공인중개사도 기본적인 사항을 알고 있는 것이 좋다. 고객과 수익성 부동산 물건을 거래할 때도 주거용 부동산 물건을 물어볼 수 있기 때문이다.

06

상가 중개

상가 중개의 고객은 임대인과 임차인으로 나누어지는데, 임대인은 일반적인 투자자이고 임차인은 상인이다. 부동산 고객 중에서 가장 다루기 어렵고 흔히 뒤통수친다고 말하는 고객이 많은 경우가 상가 중개할 때다. 장사라는 것이 정직하게만 이루어지기보다는 약간의 술수가 들어가는 경우가 많다. 상인들은 고객에게 판매나 서비스를 제공하는 과정에서 고객과 다툼이 생기는 경우가 종종 있다. 상인들의 자질이 문제인 경우도 있고, 블랙 컨슈머라고 하는 악의적인 고객들도 있다. 이러한 과정에서 상인들은 상당히 거칠어지기 마련이다.

사실 제대로 장사를 하는 상인들은 고객 중심의 사고를 한다. 어떻게 하면 고객에게 좀 더 나은 서비스를 제공할 것인지 끊임없이 고민하면서 계속 업그레이드한다. 서비스에 만족한 고객이 다른 고객에게 소개하면서 선순환적인 사업구조를 만들 수 있다. 반면 그저 돈만 벌려고 하는 상인들도 많다. 이렇게 고객에게 서비스를 제공하고 정당한 대가를 받는다는 생각을 하지 않고, 고객의 허점만 보이면 바가지를 씌우려 하거나 본인의 이득만 취하는 경우도 많다. 이런 상인들은 고객이 다 알아본다. 다시는 그 상가를 이용하지 않을 것이며, 주변 사람들에게 안 좋은 소문을 내게 마련이다. 이런 식으로 상인들은 다양한 고객을 접하면서 단련이 된다.

중개업소에 와서도 마찬가지다. 본인이 원하는 부동산 물건을 여러 개 보여줘도 공인중개사를 배제하고 당사자끼리 직접 거래하는 경우가 비일비재하다. 또한, 마찬가지로 공동 중개로 상가점포 물건을 소개하면, 공인중개사들도 임차인과 직접 연락해서 부동산 물건을 뒤로 빼돌리는 수가 많다. 이렇게 마음의 상처를 몇 번 받다 보면, 상가는 공동 중개를 꺼리게 된다. 필자 같은 경우는 공동 중개망에 올린 우리 물건을 보고 상가 물건의 위치를 물어볼 때는 해당 중개업소의 대표 공인중개사의 성명과 핸드폰 번호를 물어본다. 그다음에 지번을 알려주면 나중에 문제가 됐을 때 추궁을 당할 수 있다는 심리적 압박감을 느끼게 해주는 효과가 있다.

상가 중개는 주거용 부동산처럼 계약의 빈도가 높지 않아서 초보자들에게 힘든 분야다. 주거용 부동산은 본인의 거주 목적을 우선으로 고려해서 보는 경우가 많아서 상대적으로 수월하게 계약이 되지만, 상가의 경우에는 한번 잘못된 선택을 하면 권리금, 인테리어, 초기 준비금 등 막대한 손실이 발생할 수 있으므로 쉽게 결정을 내리지 않는다. 계약한 뒤에도 잔금 때까지는 계속해서 장사가 잘될 것인지 살펴보는 경향이 있다. 계약했지만 장사가 안 되겠다 싶으면 계약금을 포기하고 계약을 해약하는 경우가 종종 있다. 상가임대차는 주거용 부동산 계약보다 계약이 깨질 확률이 높으므로 계약금을 10%가 아닌 20%를 받는 경우도 많다. 계약금이 크면 해약률이 낮아질 것이기 때문이다.

상가 중개는 장사하는 사람의 심리를 잘 알아야 하고 많이 돌아다녀야 하므로, 여성보다는 남성 공인중개사의 비율이 높은 편이다.

'상가맨'이라고 공인중개사 자격이 없는 중개보조원(심지어는 지자체에 중개보조원 등록도 안 되어 있다)이 많이 활동하는 분야이기도 하다. 흔히 과장, 부장, 이사라는 직함으로 명함을 만들어서 가지고 다닌다. 주로 서울 강남권에 사무실이 있으면서 수도권의 부동산 중개업소에 와서 공동 중개할 것처럼 찾아와서 부동산 물건을 빼가거나, 손님인 것처럼 가장해서 물건을 빼가는 경우도 많다.

가장 조심해야 할 사람들은 상가 투자 손님인 것처럼 오는 60~70대 남성들이다. 이 사람들은 부동산 매물을 하나 가져다주면 3~5만 원을 받는다. 여러 군데의 부동산 중개업소에 부지런히 다녀야 하므로 대부분 운동화를 신고 다니는 것이 특징이다. 투자금액의 대중도 없다. 10~30억 원 하는 식으로 두루뭉술하다. 최대한 물건을 많이 확보해서 수당을 받아야 하기 때문이다.

부동산 투자 손님이 왔을 때는 차분하게 앉아서 대화를 유도한다. 투자금액은 얼마인지, 대출은 받을 것인지, 몇 층을 선호하는지, 월세는 얼마 정도 나오기를 원하는지 등을 물어보자. 이런저런 이야기를 하다 보면 고객이 진짜 투자를 할 손님인지, 아니면 그저 쇼핑하는 식으로 알아보기만 하는지, 아니면 물건만 빼가는 악의적인 사람인지를 구별할 수 있다.

성급하게 물건만 받아가려는 사람에게는 물건소개를 안 해준다.

물건소개를 할 때는 반드시 전화번호를 받는다. 여러 군데 부동산 중개업소에 나와 있는 온 동네 물건 1~2개만 소개해주고 나중에 연락한다고 하고 보낸다. 있는 거, 없는 거 전부 다 보여주고 나서 물건만 뺏기면 억울하므로, 의심이 가는 손님에게는 차라리 물건을 보여주지 않는 것이 좋다.

한번은 60대 초반의 허름한 옷을 입은 남자 고객이 상가 투자를 한다고 방문한 적이 있다. 아래 지방 사투리를 심하게 쓰고, 말씀도 약간은 횡설수설하는 듯하고, 좀 붕 떠 있는 듯한 말을 해서 진짜 고객이 맞는지 의심스러웠다. 긴가민가하면서도 정성을 다해서 상가 물건을 몇 개 보여드리고 상가 매매계약까지 진행됐다. 그런데 계약서 작성을 하고 나서 하시는 말씀이 다른 부동산 중개업소를 몇 군데 갔는데 물건소개를 안 해주더라는 것이다. 사람의 진심은 겉만 보고는 알 수 없다는 것을 다시 한번 되새긴 경험이었다.

상가 중개 중에서도 사무실 거래는 비교적 수월한 편이다. 2층 이상의 사무 공간을 찾아주는 것인데, 매매보다는 임대의 비율이 높다. 적당한 크기에 가격 조건이나 주차 조건이 맞으면 계약이 성사된다. 상가 중개 중에서 가장 어려운 것은 매매다. 상가 투자하는 분들은 쉽게 결정하지 않는다. 신중하게 고르고 또 고른다. 기존의 상가를 가지고 있으면서 추가로 투자하는 사람들도 많다. 이런 유형의 고객은 오랫동안 공인중개사를 상대해봐서 초보 공인중개사들은 상대하기 어렵다. 공인중개사도 이런 사람들을 자꾸 겪어봐야 이력이 생겨서 잘 알게 된다.

상가 중개는 오프라인 위주로 진행된다. 온라인 마케팅이 잘 먹히지 않는 분야다. 사무실 임대는 젊은 고객들이 많은 편이라 온라인 마케팅이 통한다. 상가, 점포는 물건지에 와서 발품을 파는 경우가 대부분이다. 물건지 인접한 곳에서 부동산 중개업소를 열지 않으면 물건을 받기도, 손님을 받기도 어렵다. 기존 고객이 있고, 경력이 있는 공인중개사들은 장소에 상관없이 중개를 잘하기도 한다. 일반적으로 초보 공인중개사들이 상가 중개를 하려면 상가지역으로 들어가야 한다.

상가는 여러 가지 인허가 사항 등 고객의 고려 사항을 알아야 하므로 고객과 충분한 대화를 하고, 필요한 것들은 관청 등에 알아보고 해서 적합한 곳인지 알아봐야 한다.

주택거래가 단거리 달리기 경기라면, 상가는 중장거리 달리기 경기와 같다. 눈앞에 닥친 것만 보지 말고 길게 보면서 고객을 대해야 한다. 금방 계약이 안 된다고 조바심 내는 성격이라면 상가 중개는 맞지 않을 것이다. 자잘한 것을 싫어하고 굵직굵직하게 큰 건을 하고 싶은 사람들은 상가 중개를 권한다.

07
토지, 공장 중개

부동산 중개업 중에서 가장 남성 중심적이고 연령층이 높은 분야가 토지와 공장 중개다. 고객도 남성 고객이 많고 연령층도 높아서 남성 중년 공인중개사가 적합한 분야다. 더럽고 위험하고 힘든 일인 3D를 꺼리는 사회적인 분위기로 인해 공장을 운영하는 사람들은 아무래도 나이 든 사람들이 많다.

토지는 실제 사용 목적보다는 투자용 물건의 성격이 강하다. 상가처럼 임대수익이 크지도 않고, 장기적으로 묵혀두었다가 나중에 개발 호재가 있으면 이익을 볼 수 있다. 토지 투자의 격언 중에 이런 말이 있다.

'땅 팔자는 아무도 모르고, 지금 땅을 사두면 자식 대에 가서 덕을 본다.'

그만큼 어떤 땅이 큰돈을 벌게 해줄지도 모르고, 자본이득(차익)

을 얻는 데 오랜 시간이 걸린다는 것이다.

　사회 초년생을 벗어나 약간의 종잣돈이 모여서 소액으로 부동산 투자할 때는 주거용 부동산으로 시작한다. 차츰 상가, 오피스텔 같은 수익성 부동산에 투자하고, 나이가 많아지고 투자금액이 커지게 되면 토지에 투자하게 된다. 토지는 주로 사업을 하면서 큰돈을 벌거나 나이가 있는 사람들이 투자하는 분야다. 농지가 택지로 바뀌면서 갑자기 큰돈을 벌어서 다른 땅이나 상가를 사는 경우도 생긴다. 도시 주변은 끊임없이 택지의 공급이 이루어져야 하기 때문이다. 지방 땅도 산업단지가 생기거나 기차역이나 도로가 나면서 땅 팔자가 바뀌는 경우가 비일비재하다. 반대로 투자한 토지가 도로로 수용되거나 고압선이 지나가는 철탑이 생기기도 해서 폭삭 망하는 예도 있다.

　기획 부동산 회사를 통한 임야나 농지의 지분 투자는 공인중개사가 절대 손을 대서는 안 되는 분야다. 기획 부동산 회사는 주로 임야를 지분 쪼개기로 연간 1~2조 원대를 판매하고 있다. 다음은 신문 기사에 나온 내용을 정리한 것이다.

　　경기도 성남시 금토동 산 73번지 임야 138만 제곱미터를 기획 부동산 회사가 지분으로 974억 원어치를 4,856명에게 쪼개 판 것으로 드러났다. 기획 부동산 회사가 판매한 토지 중 규모가 가장 큰 것이다. 땅을 사들인 사람은 기획 부동산 회사 직원(26%), 직원의 지인(62%), 가족·친척(2%)으로 90%가 다단계식 판매형태였다. 이 땅은 청계산 정상 부근으로 환경평가 1등급에 해당해 개발행위가 불가능한 곳이다(조권형 기자, 박진용 기자, <서울경제>, 2021년 1월 24일자 기획 부동산 관련 기사 참고).

이런 기획 부동산 회사에서 부동산 중개업소에 찾아와서 영업하는 경우가 있는데 상대해줘서는 안 된다. 토지 중개는 도심지 부동산 중개업소에서는 쉽지 않다. 부동산 중개의 기본은 부동산 물건이 있는 곳의 인근에서 부동산 중개업소를 운영하는 것이다. 토지 중개를 위해서는 도시 외곽이나 지방에서 부동산 중개업소를 연다.

투자자들이 도시에 살아서 도심지 부동산 중개업소에서도 물건 접수를 할 수 있지만, 물건의 주소는 교외나 지방에 있으므로 매수 고객은 도심지 부동산 중개업소에서 소개받은 단 하나의 물건만 보고 투자 의사결정을 하지 않는다. 주변의 토지를 더 소개받아서 비교 분석해서 좋은 물건에 투자하고 싶어진다. 당연히 물건지 주변의 부동산 중개업소에 찾아가서 문의한다.

도심지 부동산 중개업소에서 단, 1개의 물건을 보여주기 위해서 한나절 이상 걸려서 도심에서 멀리 떨어진 부동산 물건의 임장을 해도 소득 없이 돌아갈 수밖에 없다. 거리가 먼 현지 부동산 중개업소와 공동 중개하는 것도 쉽지 않은 일이다. 게다가 공동 중개라도 하면 잔금 날 주렁주렁 호박 넝쿨처럼 대여섯 명이 나온다. 땅 소개하는 데 관여한 사람들이라고 숟가락 하나씩 들고 중개 보수에 손을 댄다. 심지어는 10명까지 나오기도 하니 미쳐버릴 일이다. 정상적인 중개 보수로는 할 수 없는 일이다. 흔히 입금가라고 해서 순가 중개를 할 수밖에 없는데, 초과수수료의 위험성을 내포한 일이다. 배포가 크지 않고는 할 수 없는 일이다. 이러한 토지 중개는 공인중개사를 거치지 않은 거래가 훨씬 더 많은 실정이다.

토지는 부동산 공법을 많이 알고 있어야 한다. 어떤 땅이 값어치가 있는지, 건축행위는 가능한지 등을 살펴봐야 한다. 보통 지방 땅은 해당 지역의 사정에 밝은 현지인과 함께 일을 해야 하는 경우가 많다. 시골 사람들은 합리적이고 이성적인 것보다는 인간관계와 인정에 끌리는 경향이 많기 때문이다. 해당 지역에 아무런 연고가 없는 도시 사람이 지방에 가서 현지 사람의 도움 없이 땅을 취급한다면 반드시 어려움에 직면할 수밖에 없다. 공인중개사가 현지에 연고가 없다면 현지 사람과 동업을 하는 것도 나쁘지 않다.

공장 중개의 경우에는 공장지역의 차량이 다니는 길가에서 부동산 중개업소를 오픈을 하면 된다. 공장지역의 상가는 몇몇 필수 업종 외에는 활성화되어 있지 않아서 상가 임대료가 저렴하다. 친한 공인중개사 외에는 공동 중개를 잘 하지 않기 때문에 굳이 권리금을 주면서까지 공장 전문 부동산 중개업소를 인수할 필요는 없다.

아파트형 공장 또는 지식산업센터라고 하는 곳에 있는 부동산 중개업소는 공장을 취급하기는 하지만, 월세도 비싸고 권리금도 매우 비싼 편이다. 이런 곳은 정형화된 지식산업센터 부동산 물건을 취급한다는 점에서 아파트와 비슷한 경향이 있다. 공장 중개는 비교적 소액으로도 부동산 중개업소를 오픈할 수 있으므로 제조업체에서 일해 본 경험이 있는 남성 공인중개사들이 강점을 가지고 덤벼볼 수 있는 분야다.

작은 규모로 공장 임대를 얻어 제조업을 시작하다가 어느 정도 규모가 커지고 사업을 더욱 확장할 필요가 생길 때 공장을 매수한다. 제조업을 직접 운영하는 경우 은행에서 저리로 총매매금액의 80~90% 정도 대출을 해준다. 사용하지 않는 공장 일부는 임대하면서 대출금 이자도 내면서 원금을 갚아나가면 된다. 공장 운영은 현상유지만 해도 부동산의 가격이 상승하면서 제조업을 운영하는 공장주는 토지 가치 상승이라는 부동산 보유 이득이 덤으로 생긴다.

다른 부동산 중개업소와 달리 저녁 6시가 지나면 찾아오는 손님이 거의 없다. 주거용이나 상업용 부동산은 저녁 늦게나 주말에도 고객이 방문하는 데 비해서 공장지역은 퇴근 시간 이전에 공장으로 돌아가야 하므로 저녁 늦게 부동산 중개업소를 방문하지 않는다. 주말에도 고객이 찾아오지 않기 때문에 'Nine to Five'와 '주 5일 근무'가 가능한 곳이다. 게다가 월세도 저렴하고 고정비가 적어 비수기 때 버티기 좋다. 가끔은 공장 매매 등으로 큰돈을 벌기도 하지만, 거래가 뜸하므로 배고픈 시절을 견뎌야 하는 것이 단점이다. 이러한 패턴은 토지 중개도 마찬가지다. 토지와 공장 중개는 아주 가끔 큰돈을 벌지만, 거래가 자주 없다는 단점을 극복해야 한다.

연령층이 높은 남성 위주의 고객이 많으므로 직장 경험이 있는 남성 공인중개사의 영역이다. 부동산 중개업이 여성들에게 유리한 직업이라서 아파트, 주택 같은 주거용 시장에서는 여성 공인중개사가 득세하지만, 토지와 공장 중개는 정반대다. 가끔은 여성 공인중개사가 토지와 공장 중개를 하는데, 여성 특유의 친화력으로 남성 고객을 사로잡아서 계약 성사를 잘 시키기도 한다. 초보자가 쉽게 넘볼 수 없는 영역이기는 하지만, 1~2년 정도 꾸준히 노력하면 성과를 볼 수 있는 분야이기 때문에 아파트 단지 같은 주거용 부동산 중개에서 어려움을 겪고 있는 남성 공인중개사에게 적극적으로 추천하는 분야다.

08

오피스텔 관리와 세무

　오피스텔은 초보 공인중개사가 접근하기 가장 쉬운 분야다. 물건을 보여주면 바로 계약한다. 한번 지나간 손님은 전화해도 되돌아오지 않는다. 이미 다른 데서 계약했기 때문이다. 길게 고민하지 않고 보자마자 바로 계약서를 쓴다. 좀 고민해본다고 하는 손님이 다시 와서 계약할 확률은 희박하다. 잔금도 길어야 10일 이내에 치르기 때문에 중개 보수도 빨리 받을 수 있다. 몇 가지 유의할 점을 제외하고는 초보자에게는 상당히 쉽게 느껴진다.

　오피스텔은 대부분 월세이며, 1년 단기계약이고 보증금이 작다. 보증금은 10~12개월 치 월세를 받는다. 1인 가구이기 때문에 혼자 보고 결정을 하고, 즉시 입주하거나 일주일 이내 입주하기 때문에 의사결정도 빠르다. 주택은 가족이 살아야 하므로 한 번 보고 계약하지 않고 다른 가족이나 부모, 친척 등이 다시 와서 보느라 의사결정이 늦다. 상가 같은 경우도 수익이 날지, 안 날지 고민이 되기 때문에 쉽게 결정하지 못한다. 마찬가지로 투자 물건도 한번 매수하면 물릴 수 없으므로 의사결정이 늦다. 오피스텔 고객은 주로 미혼의 청년층이 많은 편이다. 공인중개사도 비슷한 또래의 젊은 층이 하면 적합하다.

그런데 오피스텔에 나이 많은 여성 공인중개사가 실장으로 들어와서 계약을 잘 쓰는 경우를 봤다. 이모 같은 마음으로 성심껏 물건 소개와 안내를 잘해서 고객들이 잘 따르고 소개도 해줘서 부동산 중개업소 대표도 칭찬을 많이 했다. 이분도 중개업은 처음 하신 분인데도 큰 어려움 없이 잘 해냈다.

자료 8. 오피스텔 거리

오피스텔은 부가가치세와 양도세를 잘 알아야 한다. 신축 오피스텔을 분양받으면 분양계약 시 분양금액에 부가가치세를 별도로 납부한다. 예를 들어 분양가격이 2억 원이고 그중에 건물분은 1억 5,000만 원, 토지분은 5,000만 원으로 가정해보자. 분양가격 외에 추가로 건물에 대한 부가가치세(10%) 1,500만 원을 별도로 납부한다. 토지는 부가가치세가 면세이므로 해당이 없다. 총분양 납부금액은 2억 1,500만 원(부가가치세 포함)이 된다.

일반과세사업자로 임대사업자(보통 상가의 경우도 해당한다)를 내면 부가가치세(1,500만 원을 분양대금 분할납부 시 20일 이내 환급신청)를 환급받는다. 대신 10년간 의무적으로 임대사업자를 유지해야 하고, 1년에 2번 월세에 대한 부가가치세 신고를 한다. 10년 이내에 오피스텔을 매매하게 되면, 잔여기간 동안의 부가가치세는 환급해야 한다. 임대사업자가 5년 만에 오피스텔을 매도할 경우 의무기간 10년의 절반 기간이 남았기 때문에 환급받은 부가가치세 1,500만 원 중 절반인 750만 원을 세무서에 환급한다. 오피스텔 매수자가 포괄양수도의 방법으로 인수할 경우 매수자는 잔여기간에 의무적으로 임대사업자를 내서 세무신고를 한다.

신축 오피스텔은 대부분 주택임대사업자를 낸다. 주택임대사업자를 내면 부가가치세 환급을 받지 못한다. 그렇지만 취득세를 주택용으로 납부한다. 오피스텔 취득세율(4.6%)보다 낮은 주택용(1.1%, 소형기준)으로 적용받아서 분양가격이 2억 원이면 취득세가 700만 원 정도 금액이 저렴해진다. 의무적으로 10년(2020년 8월 18일 이전은 8년)간 주택임대사업자를 유지해야 하고, 본인 입주는 절대 안 된다. 본인 입주 시 과태료 대상이다.

신축 오피스텔에 본인이 입주하려면 주택임대사업자를 내면 안 된다. 세입자는 반드시 오피스텔에 전입신고를 해야 한다. 주택임대사업자를 낼 때는 매년 부가가치세 납부의무는 없다. 10년 의무기간 이내에 매매 시에는 포괄양수도의 방법으로 해야 한다. 매수자가 포괄양수도 하지 않으면(주택임대사업자를 내지 않는 조건의 매매 시) 매도자는 과태료를 내야 한다. 임대의무 기간(10년) 중에 본인이 거주하거나, 임대하지 않거나, 양도하는 경우 최고 5,000만 원의 과태료를 납부해야 된다. 2018년 9월 14일 이후 주택임대사업자를 내면 종부세에 합산된다. 조정대상지역에서는 양도세 중과배제도 안 된다. 다만, 본인 거주 주택의 양도세 중과는 배제 받을 수 있다.

신축 오피스텔의 최초 보존등기 시에만 주택임대사업자에 대한 취득세 감면 혜택이 있다. 매매에 의한 오피스텔 취득자는 주택임대사업자를 내어도 취득세 감면 혜택이 없고, 오피스텔 취득세율(4.6%)로 납부해야 된다. 주택임대사업자 종료 후 5년 내에 본인 거주 1주택이 비과세 받을 수 있다. 이때 주의할 점은 세무서에 등록된 임대사업자는 계속해서 유지해야 하고, 5% 차임 인상제한, 보증보험 가입의무(보증금+저당권이 시세의 60% 이하면 면제)를 지켜야 비과세 혜택을 받을 수 있다는 점이다.

일반과세 임대사업자나 임대사업자가 없는 오피스텔을 주거용으로 사용 시에는 양도세 계산 시 임대인의 주택을 소유한 것으로 간주한다. 양도세 계산 시 주거용 여부는 건축물대장상 용도보다는 실질적인 주거 여부를 가지고 따지기 때문이다. 오피스텔의 건축물대장상 용도는 주거용이 아닌 업무시설이다. 바닥 난방과 싱크대와 화장실 등이 있는 오피스텔은 주거가 가능하기 때문에 세입자가 전입을 했거나 주거용으로 사용 시에는 주택으로 간주한다.

임대인이 소유한 주택을 매도 시에 오피스텔에 주거용으로 거주하는 세입자를 고려하지 않으면 다주택자가 된다는 것을 잊기 쉽다. 임대인 소유 주택 매도 시 세입자를 내보내면 공실 상태가 된다. 공실 상태는 주거용이 아니고 공부상 용도인 업무시설로 봐서 오피스텔은 주택 수에서 제외될 수도 있다. 양도세 계산 시 국세청 지침은 '오피스텔을 주거용으로 사용한 적이 있는 경우에는 주택으로 간주하라'고 한다. 본인 보유주택 잔금 전에 오피스텔을 매도 또는 증여하는 것도 양도세를 줄이는 방법이다.

장성한 자식이 직장에 다니면서 외지에서 오피스텔을 구입했는데, 부모에게 알려주지 않아서 부모의 집을 매도 시 양도세가 나오는 안타까운 예도 있다. 자식이 30세 이상이거나 30세 미만이라도 일정 소득 이상이면 세대 분리가 가능하다. 잔금 전에 세대 분리하지 않으면 안 된다. 동일 세대가 되어 부모의 소유 1주택과 자식이 소유한 오피스텔까지 포함해서 2주택이 되는 것이다.

세입자에게 전입하지 못하게 해서 양도세에서 불이익이 당하게 하지 않으려는 경우가 많다. 주로 오래된 오피스텔의 상황에 해당한다. 신축이 아닌 오래된 오피스텔은 매매 거래 시에 주택임대사업자를 내도 취득세 감면 혜택이 없으므로 표준임대차계약서를 써야 하고, 10년 의무 임대 기간을 준수해야 하는 주택임대사업자를 내는 것을 꺼리기 때문이다. 주로 주거용으로 사용하는 10년 이상 오래된 오피스텔지역의 임대사업자 비율은 10%도 안 된다. 이런 지역에서 중개 시에는 유의해야 한다.

오피스텔 중개는 주택과 달리 전세계약은 드물고 대부분이 월세계약인데, 보증금이 작다 보니까 임대인이 오지 않고 공인중개사가 대리계약을 하는 경우가 대부분이다. 임대인과 전화통화로 확인하고 임대인 본인 계좌로 계약금을 입금하면 대리계약을 해도 큰 문제가 없다. 전세나 매매의 경우는 금액이 커지기 때문에 거의 본인이 와서 계약하지만, 월세 계약은 임대인들 스스로가 계약서 작성을 위해서 따로 시간 약속을 내서 오는 것을 귀찮아하기 때문이기도 하다. 임대인들도 월세만 잘 들어오면 크게 신경을 쓰지 않는다.

도배를 해야 한다면 공인중개사가 도배하는 사람에게 도배시키고 돈만 부쳐주는 식이다. 각종 시설물에 대한 A/S도 임대인보다는 공인중개사가 대행하는 경우가 많다. 수시로 임차인이 들랑날랑하기 때문에 임대인이 오피스텔에 직접 오지 않고 공인중개사가 대리해서 서비스 차원에서 해주는 것이다.

오피스텔 중개는 쉽게 접근할 수 있지만, 단점은 잡일이 많다는 것이다. 임차인이 오래오래 살면서 공인중개사는 임대인을 위해서 심부름만 하게 되어 귀찮은 일이 될 수도 있지만, 수시로 임대차계약을 써서 중개 보수가 생기기 때문에 그 정도의 서비스는 해줘야 한다. 오피스텔 중개는 주로 나이가 젊은 공인중개사들에게 적합한 영역이라고 볼 수 있다.

3장

부동산 중개업에
성공하기 위해
꼭 필요한 영업력

01
영업 마인드

우리나라 사회의 패러다임은 1998년 IMF 이전과 이후로 나누어진다. IMF 이전에는 열심히 공부해서 좋은 대학에 들어가기만 하면 만사형통이었다. 명문대학에 들어가면 대기업에 들어가는 문이 활짝 열려 있었다. 평생직장이라는 개념이 확고한 시절이었다. 그 당시에는 산업 전반으로 특별한 영업 전략도 없었고, 영업 부서는 피하는 부서였다. 관리 부서에서 영업 부서로 배치되면 회사에서 자신을 버린다고 생각하고, 다른 직장을 알아보라는 신호로 받아들였다. 제품을 만들기만 하면 팔리는 시절이라서 특별히 영업 부서의 역할이 필요하지 않고, 제품 출하와 수금 관리 정도의 뒤치다꺼리하는 파트 취급을 받았다. IMF 이후에 들어서 저성장시대와 만성적인 수요부족에 시달리게 되면서 영업의 역할이 커지고, 영업 관련 콘텐츠는 많은 발전을 이룩했다. 과거의 생산자 중심에서 고객 중심으로 회사의 관심사가 달라졌다. 과거처럼 영업 부서는 더는 홀대받는 부서가 아니고, 본인의 능력을 인정받을 기회로 받아들이게 됐다.

사람의 사고는 쉽게 바뀌지 않는다. 사회의 의식이 따라오지 않는 상황에서 개인의 의식이 바뀌기에는 많은 용기와 인내가 필요하다. 사회적인 필요로 영업의 위상이 높아졌다고는 하지만, 영업을 푸대접하는 의식은 크게 바뀌지 않았다. 한국은 고도성장으로 역동적인 사회의 모습을 갖는 장점이 있는 반면에 급속한 사회경제 구조의 변화로 많은 갈등의 요소를 갖고 있다. 여러 가지 가치관이 혼재하는 상황이다. 과거 영업하는 사람을 조금 부족하게 보는 인식이 미처 바뀌지 않고 있다.

지금도 많은 부모가 과거의 타성에 젖어서 공부에 매진해서 명문대에 진학하는 것을 최우선시하고 있다. 다른 모든 것을 제쳐두고 공부만 하다가는 인간관계를 소홀히 하기 쉽다. 영업의 기본은 관계를 맺는 것이다. 인간 대 인간으로 관계를 맺는 것이 기본이다. 이런 훈련이 안 되어 있으니 인간관계를 어려워한다. 이런 것은 책이나 학교에서 배울 수 있는 것이 아니고, 생활 속에서 자연스럽게 묻어나는 것이다.

본인의 경력관리를 위해서도 영업 부서의 경험은 꼭 필요하다. 당장 편한 것만 찾다가는 영업 한번 못해보고 회사를 퇴사하게 되면 아무런 준비도 안 된 상태에서 공인중개사 자격증 하나 가지고 부동산 중개업소를 오픈해봐야 잘되지 않는다. 관리 마인드, 기술 마인드에서 영업 마인드로 탈바꿈해야 한다.

직장생활에서 어느 정도 영업을 경험해본 사람은 사람을 대하는 것이 자연스럽다. 여성들은 기본적으로 낯선 사람들과도 쉽게 친해지는 기질이 있어서 영업 마인드는 잘 갖춰진 편이다. 문제는 직장에서 관리직, 연구직 경험만 있는 외골수 남성 공인중개사들이다. 직장생활 할 때의 꼰대 마인드로 부동산 중개업에 임하다가는 망하기에 십상이다. 마인드를 바꾸기 위해서는 본인이 직장생활 할 때의 계급장은 모두 떼버리고 본인이 그냥 '동네 아저씨, 아줌마'라고 생각해야 한다.

이제 더 이상 본인의 명함에 있던 '회사, 직급' 같은 것은 잊어버리고 낮은 자세로 임해야 한다. 본인의 사회적 레벨이 몇 단계 낮아졌다고 생각하는 마인드 셋이 필요하다. 공인중개사 자격증을 따고 실무교육을 받을 때 강사님의 말씀이 지금까지 마음을 울린다.

> "공인중개사는 천한 직업입니다. 천하기 때문에 고객에게 얕잡아 보이지 않으려면 옷을 잘 입고 다니세요."

공인중개사가 천한 직업이라고 인식하고 마음속으로 자신을 낮추면 마인드 셋은 된 것이다. 자신을 낮추기는 하지만 자존감은 지켜야 한다. 인간의 3대 필수 요소 의식주 중 주거 생활을 담당하는 중요한 일을 하고 있다는 생각을 가져야 한다. 자세는 낮추되 품위는 지켜야 한다.

02

영업은 연습이다

의사들 세계에서 명의가 되려면 환자를 많이 봐야 한다는 말이 있다. 마찬가지로 공인중개사도 고객을 많이 만나다 보면 계약을 잘하게 된다. 부동산 중개업소는 목이 좋아야 고객을 자주 접할 수 있고 실력이 는다. 의사가 많은 환자를 상대로 진단과 처방을 내리면서 실력이 늘듯 공인중개사도 고객을 접하면서 많은 경험을 하게 된다. 이런 방법으로도 해보고, 저런 방법으로도 시도해본다. 이렇게 시행착오와 시간이라는 수업료를 내다 보면 고객 응대 요령도 생기고 나중에는 영업을 잘하게 된다.

모든 사람이 시간이 흘러서 저절로 영업을 잘하고 계약을 잘하게 되지는 않는다. 계속해서 노력하고 어떤 방법이 좋은지 모색해보는 사람만이 성장한다. 미숙해서 계약하지 못하는 것이 반복되다 보면 버티지 못하고 도태된다.

어떠한 종류의 영업을 해본 적이 없는 사람이 영업을 잘하려면 어떻게 해야 할까? 우선은 이론을 잘 알아야 한다. 그 이론을 바탕으로 영업을 연습해봐야 한다. 마구잡이로 하는 것이 아니고 체계적으로 해야 한다. 수영을 배우려면 이론만 알아서는 안 되고 직접 물속에 들어가야 한다. 물을 먹기도 하면서 배우게 된다. 타고난 운동신경이 있어서 금방 수영을 배우는 사람도 있겠지만, 대부분 사람은 좋은 코치의 지도로 수영을 배우면 시행착오를 줄이고 제대로 배울 수 있다. 마찬가지로 영업도 좋은 선생을 만나서 제대로 배우면 잘 할 수 있다. 천성이 외향적이고 사람 상대를 잘하는 사람도 있지만, 그렇지 않은 사람들은 영업을 배워야 한다. 기왕이면 시행착오를 줄이면서 잘 배우는 것이 좋겠다.

보험이나 자동차 영업 사원들은 영업을 체계적으로 잘하는 편이다. 이들 업종은 대기업에서 운영하기 때문에 선진 외국에서 도입된 이론으로 무장해서 체계적으로 교육을 잘하고 있다. 반면에 부동산 중개업은 소규모의 개인 자영업 형태가 주종이다. 보험이나 자동차 영업 현장처럼 좋은 시스템을 갖추기 힘들다. 부동산 영업은 도제식으로 배우는 경향이 많다. 특별히 체계화되어 있지 않고 선배가 하는 것을 보고 후배가 따라 하는 식이다.

보험 영업을 했던 사람들이 부동산 중개를 하면 잘하는 편이다. 개인을 상대로 하는 영업이 몸에 배어 있기 때문이다. 보험 영업처럼만 하면 부동산 영업은 어렵지 않게 할 수 있다. 보험 영업은 쉽지 않은 일이다. 고객이 특별히 욕구를 느끼고 있지 않았는데, 고객을 찾아가서 보험의 필요성을 설득해서 고객의 지갑을 열게 한다. 그래서 보험 세일즈 격언에 '보험은 거절을 먹고 사는 나무다'라는 말이 있다. 보험 세일즈 강사는 "거절당할수록 계약이 나올 확률은 커진다고 긍정적으로 생각하라"고 주입 시킨다. 계속해서 고객에게 거절당하다 보면 사기가 떨어져서 영업을 포기할 마음이 들기도 하는데, 그럴수록 마음을 굳게 먹고 포기하지 말라는 것이다.

부동산 중개업은 고객이 공인중개사에게 전화하거나 방문한다. 보험과는 정반대다. 부동산 중개는 고객이 필요해서 찾아오기 때문에 고객을 찾아 나서는 보험 영업보다 훨씬 쉬운 것이다. 부동산 영업을 잘하고 싶은 사람들은 보험 영업처럼 하면 된다.

보험 세일즈맨의 하루를 추적해보자. 아침에 출근하면 어제의 실적 또는 일주일 실적을 평가하고, 오늘 고객 방문 계획을 잡는다. 고객에게 전화해서 방문 스케줄을 잡는다. 고객을 찾아가서 설득하고 계약을 이끌어낸다. 이런 유사한 형태로 부동산 중개업소도 운영하는 것이다. 아침에 출근하면 부동산 물건을 체크하고, 어제 또는 그저께 방문했던 고객을 체크해본다. 거래정보망과 네이버 부동산에 타 중개업소 신규매물도 체크해본다. 체크했던 고객에게 전화를 걸기 전에 어떤 말을 해야 할지 머릿속으로 시뮬레이션을 해본다.

영업을 잘하기 위해서는 연습이 필요하다. 미리 고객에게 이야기할 말을 생각해두어야 한다. 고객이 생각하는 것을 미리 예단하지 말고 항상 여지를 두는 말을 해야 한다. 아파트 최상층은 여름에 덥고, 겨울에 추워서 난방비가 많이 들어간다는 편견이 있다. 이를 극복하기 위해서 고객에게 이런 멘트를 하는 경우가 있다.

"요즘 짓는 아파트는 예전보다 공법이 좋아져서 여름에 덥고 겨울에 춥지 않아요. 오히려 층간 소음이 없어서 선호도가 높아요."

이렇게 고객을 설득해서 탑층을 하기로 했는데, 아뿔싸 탑층 물건 소유자가 매도하지 않겠다고 한다. 내뱉은 말을 다시 주워 담을 수도 없고, 고객으로부터 신뢰만 잃게 되는 것이다. 이런 경우를 대비해서 강하게 밀지 않고 뒷말을 흐리면서 이야기를 하는 것이다.

"탑층도 좋아하는 사람들도 있어요. 탑층에 대한 편견을 버리고 한번 알아볼까요?"

부동산 중개업소는 혼자 운영하는 것보다는 둘 이상이 운영하는 것이 좋다. 혼자서 방문 고객을 상대하고 있는데, 전화가 오면 주위가 분산되면서 방문 고객을 소홀히 하게 되어 난감한 상황이 생기기도 한다. 베테랑이라면 기존 고객을 잠시 기다리게 하고, 교대로 고객을 응대하기도 한다. 둘이 하면 좋은 것이 고객에게 할 멘트에 대해서도 서로 이야기해보면서 어떤 게 좋은지 연습해보는 것이다.

혼자서 운영하는 경우는 쉽지 않다. 함께 운영하면 좋은 점은, 나는 어려운 고객이지만 다른 사람은 잘 다루기도 한다. 보통 대표와 실장이 있는데, 실장이 주로 전면에 나서서 진행하다가 안 되면 대표가 직접 해결하는 식이다. 가장 이상적인 것이 남자 대표와 실장, 여자 대표와 남자 부장이다. 여자 대표와 여자 실장도 괜찮은 조합인데, 남자 대표와 남자 부장은 별로 권장하지 않는 조합이다.

가장 나쁜 조합은 부부가 운영하는 부동산 중개업소에 여자 실장이 있는 경우다. 부부가 똑같이 대표 행세를 하므로 실장으로서는 두 명의 상전을 모셔야 한다. 부부끼리 운영하는 부동산 중개업소도 그리 바람직하지 않은 경우가 많다. 부부간에 다툼이 있으면 집

안의 스트레스를 사무실로 가져오고, 사무실의 스트레스를 집으로 가져오기 때문에 앙금이 풀리지 않는다.

부부가 아닌 성별이 다른 구성원일 경우에 고객에 따라서 큰 금액의 매매는 남성 공인중개사와 의논해야 한다는 편견을 가진 분들이 있다. 반대로 여성 공인중개사를 편하게 생각하는 고객들도 있다. 이렇게 남녀의 조합으로 부동산 중개업소가 구성되면, 고객을 상대할 때도 다양한 시뮬레이션에 대해서 서로 이야기해볼 수 있다. 남자와 여자의 뇌 구조가 다르므로 서로 이해 못 하는 부분에 대한 공감대를 형성하면서 고객 영업이 잘되기도 한다.

동업을 고려하는 사람들이 있는데 별로 권장하지 않는다. 남녀 간의 동업은 그런대로 나쁘지 않지만, 동성 간의 동업은 시너지는 없고 다툼과 갈등만 생기는 경우가 많다. 다만, 남녀 간의 동업은 서로 조심해서 애정 문제가 발생하지 않도록 적당한 거리를 두어야 한다.

영업은 연습이다. 부동산 중개업을 하기 전에 영업을 해본 사람이 잘한다. 영업을 해보지 못하고 부동산 중개를 시작하는 사람은 연습하면 된다. 부동산 중개에서 영업력을 키우는 것은 계약을 많이 하는 지름길이다. 계약서 특약을 아무리 잘 쓸 줄 안다고 해도, 부동산 정책과 관련 법, 세법 등 이론을 많이 알아도 계약하지 못하면 헛일이다. 부동산 중개는 영업이 가장 기본이다.

03

영업 관련 교육과 도서

  이전 경력에서 영업을 해보지 못하고 부동산 중개를 시작하는 사람은 영업 관련 교육을 받거나 도서를 구매해서 탐독하는 것이 좋다. 영업은 사람들의 마음을 사서 물건을 사게 하는 것이다. 부동산 중개에서 영업은 사람의 마음을 사서 계약서에 도장을 찍게 하는 것이다.

  매도인(임대인)에게는 가격을 조정하고(낮춰서), 매수인(임차인)에게는 제시된 가격대로 계약하도록 유도하는 것이다. 전세의 경우는 별다른 가격조정 없이 호가대로 계약하는 경우가 많다. 2년 뒤에 돌려받을 금액이라는 생각이 있기 때문이다. 매매의 경우에 매수자는 조금이라도 깎으려고 한다. 부동산 물건은 공산품도 아니고, 매도자가 제시한 가격(호가)으로 깎지 않고 매매하는 경우는 드물다. 매도자에게는 가격을 흥정하면서 어느 정도 가격조정이 가능한지 사전에 물어보는 게 좋다. 정확하게 조정되는 금액을 말해주는 사람들도 있지만, 이야기를 들어보면 어느 정도 금액조정이 가능할지

뉘앙스가 느껴진다.

예를 들면 제시된 매매가격 5억 5,000만 원에서 매도인이 1,000만 원 정도 조정해줄 거 같으면, 매수자에게는 약간 조정이 될 거 같다고 이야기하거나 500만 원 정도는 가능할 거 같다고 말한다. 매도자에게 들은 대로 곧이곧대로 매수자에게 조정 가능 금액 1,000만 원을 이야기하면, 매수자는 한술 더 떠서 1,500~2,000만 원 정도 가격조정을 하려고 하는 경우가 많다. 매수자에게 제시하는 가격은 약간의 버퍼를 가지고 있어야 한다. 하지만 이 물건이 나의 전속 물건이 아니고, 다른 공인중개사에게도 나와 있는 물건이라면 버퍼를 갖는 것이 위험할 수 있다. 내가 버퍼를 갖는 만큼 다른 공인중개사보다 비싼 가격을 제시한 것이기 때문에 내가 계약을 못 할 가능성이 커지기 때문이다. 아파트처럼 대체할 수 있는 유사한 물건이 많을 때 시세보다 비싼 가격으로 버퍼를 갖는 것도 마찬가지로 위험하다. 공인중개사는 부동산 시세와 경쟁자의 동향을 잘 알고 있어야 한다.

고객에게 좋은 투자 물건을 권유하면 이렇게 이야기하는 고객이 있다.

"이렇게 좋은데 중개사님은 왜 안 사세요?"

이럴 때는 당황하지 말고 이렇게 답변한다.

"정육점에 좋은 고기 들어오면 주인이 다 먹나요? 본인도 먹고 손님도 드시게 하는 거죠."

말 한마디로 고객을 설득할 수 있는 적절한 예시인데, 꽤 효과가 있는 방법이다.

매도자가 제시한 가격이 어느 정도 조정될지는 고객과 대화하면서 간접적으로 파악해야 한다. 직접적으로 "금액이 얼마까지 조정돼요?"라고 물어보는 것은 고객과 어느 정도의 친밀도가 형성된 다음에 해야 한다. 대화에도 요령이 필요한 것이다. 대화를 취조하듯 해서는 안 되고, 고객에게 계속 질문을 하면서 고객이 스스로 답하게 만들어야 한다. 이러한 요령을 익히는 데에는 이론이 필요하다. 이러한 이론을 바탕으로 한 연습도 필요하다. 아주 미묘한 차이 때문에 고객에게 오해받고, 고객이 공인중개사에게 등을 돌리게 만드는 상황이 발생한다.

아래는 영업 초심자에게 추천하는 책들이다. 영업에 익숙해지기 위해서는 사람들의 심리와 대화법을 다룬 책을 읽어보고 관련 교육

① 도로시 리즈, 《질문의 7가지 힘》, 더난출판사, 2016 : 원활한 대화와 창조적 사고를 가능하게 하는 비결을 내세운다.

② 로버트 치알디니, 《설득의 심리학 1, 2, 3》, 21세기북스, 2021 : 변화를 읽고 마음을 끌어당기는 전략서다.

③ 김종명, 《EBS 다큐 프라임 설득의 비밀》, 쿠폰북, 2009 : 타인을 움직이는 최상의 설득 전략이다.

④ 닐 라컴, 《당신의 세일즈에 SPIN을 걸어라》, 김앤김북스, 2001 : 35,000여 건의 세일즈 연구조사를 통해 검증된 세일즈 방법을 알려준다.

⑤ 지그 지글러, 《세일즈 클로징》, 산수야, 2018 : 고객이 계약서에 도장을 찍게 만든다.

을 받을 필요가 있다. 이러한 책들을 읽고 내 것으로 만드는 과정을 통해서 영업에 대한 자신감을 가지게 될 것이다.

또한, 공인중개사를 대상으로 하지 않더라도 자영업자를 위한 교육도 받아보면 도움이 된다. 공인중개사를 대상으로 하는 많은 교육이 있지만, 부동산 관련 법 위주로 계약서를 작성하기 위한 것이 대부분이다. 이런 것들도 부동산 중개에 도움이 된다. 공인중개사는 세무사는 아니지만, 기본적인 부동산 세무는 알고서 상담할 수 있어야 한다. 매년 초에 바뀌는 부동산 세법 강의는 꼭 들어보기를 권한다. 꾸준히 찾아서 공부하는 공인중개사들이 있기는 하지만, 영업에 대한 것까지 찾아서 교육을 듣는 사람들은 드문 것 같다.

'네오비 중개실무 마케팅 교육' 같은 경우는 공인중개사의 온라인과 오프라인을 망라한 영업 전략을 다루고 있다. 아울러 끈끈한 네트워크를 형성해 수강생 간에 교육 시는 물론, 교육 종료 이후에도 상호 도움을 많이 주고 있다. 기타 교육에서도 수강생 간에 정보를 주고받지만, 영업에 관한 것보다는 법 위주로 계약서 작성에 관한 내용이 주류인 것 같다. '네오비'에서는 좀 더 실제적으로 DM, TM 요령, 블로그 작성, 동영상 제작과 활용 등 실제 사례를 공유하면서 서로에게 도움을 주고 있다.

영업력을 기르기 위한 독서와 교육은 비용이 아니고 투자다. 내가 더 많은 것을 얻기 위한 투자다. 그리고 좀 더 멋있고, 우아하게 부동산 중개업을 할 수 있을 것이다. 존경받지는 못하더라도 적어도 무시당하는 직업이 되지 않기 위해서는 공인중개사 모두가 다 같이 노력해야 할 것이다. 공인중개사 각자는 매사에 공인중개사 전체를 대표한다는 마음가짐으로 임해야 할 것이다. 자녀에게 부끄

럽지 않은 직업을 가진 공인중개사라는 자긍심을 갖도록 해야 한
다. 필자는 항상 고객에게 부동산 물건을 소개한다는 생각보다는
'고객의 행복을 중개한다'라는 마음가짐으로 고객을 대하고 있다.
고객을 대하는 마음가짐이 중요한 것이다.

04
상가는 별도로
공부해야 된다

부동산 중개 시장은 부동산 물건별로 구분해보면, 크게 주거용 부동산, 공업용 부동산, 상업용 부동산, 토지(농지, 임야 등)로 나눌 수 있다. 가장 기본이 되고, 모든 사람이 연관을 맺고 있는 시장은 주거용 부동산이다. 누구든지 자가나 임차의 형태로 주거를 하면서 주거용 부동산과 관련을 맺고 있다. 공업용 부동산은 공장이나 창고를 이용하는 사람들 외에는 특별히 일반인이 사용하거나 투자용으로 접근하지 않는다. 상업용 부동산은 상가에 투자하거나 자영업을 하려는 사람들이 임차로 구할 때 관심을 둔다. 좀 더 금전적인 여유가 있어서 투자하는 사람들은 토지를 투자한다.

부동산에서 큰 부자는 토지에서 나온다. 아파트값이 아무리 올라도 10년에 2~3배가 최대일 것이다. 토지 투자는 10~20배, 그 이상도 가능하다. 땅의 용도에 따라 가치가 급등하기 때문이다. 투자용 부동산으로 상가와 토지를 비교해보면 확연히 차이가 난다. 상가는 매달 월세라는 수익이 나온다. 토지는 임차를 통해서 얻는 수익은 은행대출이자를 갚고 나면 남는 것이 없다. 상가는 매달 월세라는 수익이 나오는 대신에 가격이 크게 상승하지 않는다. 부동산 투자에서 성공을 꿈꾸는 많은 사람은 미래에 수익이 나오는 토지보다 현재에 수익이 나오는 상가를 선호하는 경향이 있다. 토지를 투자하는 사람들조차도 이미 상가 점포는 몇 개씩 가지고 있는 경우가 대부분이다.

상가 점포에서 자영업을 하는 사람들은 자기 점포를 갖는 경우가 드물다. 자기 점포에서 수익이 나오는데, 굳이 힘들게 장사하려고 하지 않기 때문이다. 거의 80~90%가량은 임차해서 장사한다. 자기 점포를 가지고 장사를 하는 사람들은 본인이 직접 점포에서 몸을 움직여서 일하기도 하지만, 직원이나 아르바이트를 활용해 본인의 노동력을 최대한 줄인다. 상가 중개를 위해서는 이러한 자영업의 속성을 알아야 한다. 장사하는 데 필요한 인허가나 권리금 문제 등도 중요하다.

상가 중개를 위해서 장사하는 사람들이 알고 있는 것은 알아야한다. 상가의 입지 보는 방법, 업종에 따른 상가의 위치, 1종 노래방과 2종 노래방의 차이, 휴게음식점의 분류, 위반건축물일 때 인허가 문제, 편의점에서의 담배권, 경업금지 등등 알아야 할 것들이 많다. 공인중개사는 투자자들이 보는 책을 봐야 하고, 상가 중개를 위한 책도 봐야 한다. 공인중개사를 위한 상가 교육도 받아두는 것이 필요하다.

이러한 실무와 관련된 교육은 실전에서 써먹지 않으면 잊어버리게 된다. 그래도 부동산 중개를 처음 시작하는 초심자는 상가 관련 교육을 꼭 받아 둘 필요가 있다. 책으로만 보는 것은 한계가 있고 놓치는 경우가 많기 때문이다. 주택은 공인중개사 시험에 합격하기 위한 시험공부를 할 때도 많이 접하게 되고, 살아가면서 주택 거래를 안 해본 사람은 없으므로 계약서 작성을 위한 특약 정도만 알아도 무난히 시작할 수 있다.

본인이 장사해본 사람은 자영업 하는 사람들의 마음도 알고, 주워들은 것도 있으므로 상가 중개를 쉽게 접근하는 편이다. 자영업의 경험이 없이 일반 회사에 다니거나 주부였던 사람들은 상가 중개를 어려워한다. 본인이 접해보지 않은 것이니 낯설고 어려워하는 것은 당연한 일이다.

주택 중개를 하면서 가장 많은 투자 의뢰를 받는 것은 아파트, 상가, 오피스텔이다. 투자금액이 큰 사람들은 상가를 선호하고, 투자금액이 적고 연령층이 높은 사람들은 오피스텔을 선호한다. 주거지역에서 중개해도 상가를 알아야 한다. 특히, 중대형 아파트 단지에 거주하는 사람들은 경제력이 좋은 사람들이라서 부동산 투자에 관심이 많다.

부동산 투자 중 아파트 투자는 아파트 단지에서 부동산 중개를 하는 사람들에게는 어려운 일은 아니다. 하지만 상가는 좀 다른 차원의 분야다. 공인중개사가 잘 알지 못하면 선뜻 상가 투자를 권하지 못한다. 요즘같이 1세대 1주택을 법제화하려고 하는 등 주거용 부동산에 대한 규제가 심할 때는 상가 투자를 잘 알고 있는 공인중개사가 생존력이 강하다.

상가 투자를 위해서는 세금 관계도 잘 알아야 한다. 고소득자가 상가에 투자하면 상가 수익률은 대폭 차감된다. 고객 A가 연 수익 2,000만 원이 나오는 5억 원짜리 상가에 투자한다고 가정해보자.

수익률은 4.0%다. 이 사람이 연봉이 1억 원(소득 공제 후 금액이라고 가정 시)의 급여생활자라면, 본인의 근로소득에 대한 세금으로 각종 공제를 차감하고도 소득세율 35%의 구간(8,800만 원~1억 5,000만 원)에 해당할 것이다. 급여소득 1억 3,000만 원에 상가의 수익 2,000만 원이 더해져서 총 1억 5,000만 원의 소득을 종합소득으로 신고한다. 급여 외에 추가적인 상가의 수익은 소득세율 35% 구간에 해당해 700만 원을 공제하면 세후 소득은 1,300만 원이 되어 수익률은 2.6%로 떨어진다(소득세에 대한 주민세 10%는 별도로 추가 계산해야 함).

이렇게 수익률이 떨어지는 것을 방어하기 위해서 취하는 방법은 3가지가 있다. 첫 번째는 상가에 대출받아서 비용을 공제받는 것이다. 상가는 본인이 사업을 할 때는 대출을 잘해주는 편인데, 1금융권에서 매매가격의 70~80%를 받을 수 있다. 본인이 장사하지 않고 세를 주면 보증금을 공제하고 절반도 안 된다. 1금융권에서 1억 5,000만 원 정도 받을 수 있다고 가정하면, 이율은 3% 초반에서 가능할 것이다. 약 500만 원 정도 이자가 발생하면 비용으로 차감받는다. 종합소득에 더해지는 금액은 2,000만 원이 아닌 1,500만 원이 되어서 적게 신고된 금액 500만 원에 대한 소득세 175만 원을 절세할 수 있게 된다.

두 번째는 부부 중 소득이 작은 사람이 상가의 소유권을 갖는 것이다. 앞의 사례에서 A씨의 부인 소득이 5,000만 원이라면 남편보다 적은 세율 구간이기 때문에 절세할 수 있는 것이다. 하지만 A씨의 부인 소득이 없다면 문제는 달라진다. 소득이 0에서 임대소득 2,000만 원이 발생하기 때문에 건강보험에서 A씨 피부양자의 지위를 상실하고 별도로 건강보험에 가입하게 된다. A씨의 부인이 소형차라도 가지고 있다면 차량, 부동산을 소유한 것만 가지고도 매월 30여만 원의 건강보험료가 발생한다. 연간으로는 건강보험료만 400만 원가량이 될 것이다. 상가 금액이 커진다면 건강보험료는 더 많아질 것이다. 그 외에도 최소 매달 10만 원 이상의 국민연금 납부 의무도 생긴다. 연간 건강보험료와 국민연금으로 500만 원 정도의 추가 비용이 발생한다.

세 번째는 법인을 만들어서 법인의 소득으로 귀속시키는 것이다. 비교적 큰 규모의 빌딩이 이에 해당한다. 법인세가 2억 원까지는 10%, 2~100억 원까지 20%로 낮으므로 법인을 만들어서 상가를 관리하기도 한다. 단점은 법인은 복식부기 의무자라서 세무사를 통해서 기장 대리를 하고, 법인 소득에 대한 금전 이체 시 개인소득세가 발생한다는 점이다. 소규모의 상가나 점포는 법인으로 해도 실익이 별로 없다.

"소득이 있는 곳에 세금이 있다."

내야 할 세금은 정당하게 내고 상가를 소유해야 한다. 이러한 세금 문제를 회피하기 위해서 연 소득이 높은 사람들은 가치가 오르는 상가를 선호한다. 현재의 수익률이 낮더라도 미래 가치가 높아서 가격이 오르는 상가를 선호한다. 지역적으로는 지방보다는 서울의 상가가 가치가 더 올라간다. 서울에서도 요지에 해당하는 곳은 상가 수익률이 낮은 편이다. 미래 가치를 보고 투자를 하는 것이다.

상가 수익률도 높고, 미래 가치도 높은 부동산은 없다고 보면 된다. 수익률과 미래 가치라는 두 마리 토끼를 잡을 수는 없다. 고객이 어떻게 말을 해도 둘 중에 더 주안점을 두는 것이 무엇인지 파악한다. 그 외에도 상가의 가치를 높이는 방법이라든가 여러 가지 상가 관련된 이슈들이 많다. 이러한 것들은 모두 배워야 한다.

누가 공짜로 가르쳐주는 사람은 없다. 배움은 투자이지 비용이 아니다. 특히 상가와 관련된 교육은 초보 공인중개사뿐만 아니라 중견 공인중개사들도 필수적으로 배워야 한다. 상가 투자로 부동산 중개 성공의 문을 열 수 있다. 상가 보는 안목을 길러서 성공하는 공인중개사가 되도록 하자.

05

온라인 마케팅은
어떤 것들이 있을까?

요즘 고객들은 손품을 판다. 과거처럼 아무런 정보 없이 부동산 중개업소들을 다니지 않는다. 사전에 온라인으로 검색해서 시세 등의 부동산 물건정보를 미리 알고 온다. 특히 40대 이하 젊은 고객들에게 두드러지는 현상이다. 과거에 부동산 중개업소는 권리금 많은, 목 좋은 곳이 최고의 입지였다. 하지만 지금은 적당한 입지에서도 온라인 마케팅으로 극복할 수 있다.

온라인 마케팅은 네이버 부동산, 직방, 다방, 블로그, 유튜브, 카페 등을 통한 온라인 커뮤니티에서 부동산 관련 정보를 고객에게 제공하는 것이다. 요즘은 PC보다 스마트폰에서 검색해서 정보를 얻는 경우가 더 많다. 이동하면서 틈나는 대로 정보를 얻으면서 본인의 관심 분야라면 전문가 못지않은 폭넓은 지식을 가지고 있는 경우가 많아서 상담하다 보면 깜짝깜짝 놀란다. 스마트폰이 대중화된 이후에, 부동산 중개업소에 오는 고객들은 경험 많은 중장년층은 물론, 온라인에 익숙한 젊은 층도 부동산 관련해서 상당한 정보를 가지고 오는 경우가 많다.

공인중개사는 물건을 파는 것이 아니고, 부동산 물건을 중개하는 것이다. 중개 과정에서 정보의 비대칭성으로 고객보다 우위에 서야 한다. 그런데 그 정보를 이미 고객이 가지고 있으므로 고객과 상담하는 데 수월하면서도 만만하게 보이지 않으려고 애쓰는 어려움이 있다. 공부하지 않고 게으른 공인중개사들은 도태될 수밖에 없는 현실이다.

고객이 공인중개사에게 가장 필요로 하는 것은 하자 없고, 좋은 부동산 물건을 싸게 구입하거나 임차하는 것이다. 고객이 원하는 핵심 정보는 가격이다. 과거에 부동산114, 스피드뱅크, 부동산써브, 부동산뱅크, 다음 등 다양한 부동산 포털 사이트가 있었지만, 허위 매물로 인해서 고객의 외면을 받았다. 네이버도 별반 다르지 않았는데 '확인 매물' 제도를 도입해서 허위 매물 신고를 받아서 부동산 중개업소에 매물 등록을 제한하는 제재를 가하기 시작했다. 이후 과거의 부동산 포털은 신뢰를 잃고 '네이버 부동산'이 시장을 장악했다.

한때 블로그를 활용한 부동산 매물을 홍보하는 마케팅이 유행했었지만, 허위 매물에 대한 불만들이 나오다가 '공인중개사의 매물 광고에 대한 규칙'이 2020년 8월 21일부로 시행되면서 블로그를 이용한 직접적인 매물 홍보는 불가능해졌다. 유튜브도 최근에 뜨는 분야인데 마찬가지로 매물 광고에 규제를 받아서 직접적인 매물 홍보보다는 간접적인 이미지 메이킹의 역할로 만족하게 됐다. 그 외에 카페를 이용한 방법이 있는데, 매물 정보보다는 전반적인 부동산 시장에 대한 정보제공을 통한 공인중개사의 이미지 고양의 차원에 머무르고 있다.

네이버 블로그는 몇 년 전부터 정책을 바꾸어서 붙여 넣기를 하거나 수정하면 저품질이 되어서 노출이 안 된다. 과거에는 인터넷에서 검색한 정보를 바로 붙여 넣기를 하면 저품질로 인식하기 때문에 메모장에 붙여 넣기 하고, 메모장의 글자를 복사해서 네이버 블로그에 붙여 넣기를 하면 됐다. 이제는 이런 것까지 저품질의 원인이 되기 때문에 좋은 정보를 찾으면 일일이 손으로 타이핑을 해야 한다. 카페는 좋은 정보를 링크해서 붙여 넣고 약간의 해설을 넣으면 되기 때문에 주로 이용하는 방법이 되기도 한다. 블로그가 붙여 넣기는 안 되고, 직접 타이핑을 해야 하므로 경쟁이 약화한 면은 카페의 이점이라고 볼 수 있다.

네이버 부동산 매물 관리센터에서 단체 아이디로 가입하면, 네이버 매물에서 본인의 부동산 중개업소로 링크가 연결되고, 네이버에 올린 모든 매물이 보인다. 이때 본인 홈페이지로 블로그를 지정하는 경우가 많으므로 블로그도 마케팅 도구로 써야 할 필요성이 있다.

온라인 마케팅 중에서 으뜸은 '네이버 부동산'을 활용해 물건정보를 올리는 것이다. 특히, 아파트 등 주거용 부동산을 이용하는 고객을 상대로 하는 공인중개사는 네이버 부동산을 잘 활용해야 한다. 고객들이 온라인 이용 시 스크롤해서 내려가는 것을 싫어하기 때문에 내가 올린 매물이 상단에 자리 잡고 있도록 해야 한다. 아파트라면 해당 층을 노출하는 것이 저층, 중층, 고층으로 표기하는 것보다 상단에 올라간다. 집주인 확인 매물(네이버 아이디로 인증)은 더 상단에 올라간다. 집주인 확인 매물을 올리기 위해서는 매물을 올릴 때 집주인에게 사전에 "네이버에서 문자가 오면 인증을 하라"고양해를 구해야 한다. 네이버 아이디가 없거나 기억을 못 해서 네이버 접속이 안 되는 고령층은 불가능한 방법이다.

물건을 올리기 위해서는 1건에 1,700원의 비용이 소요된다. 이미 한번 올렸던 매물이 하단으로 내려가서 찾기 힘들어지면 물건을 삭제하고 다시 등록하면 된다. 이러한 공인중개사 간 경쟁을 통해서 네이버는 많은 이익을 취하게 된다. 네이버는 그 외 다른 많은 자영업자에게도 똑같은 방법을 쓰면서 이익을 낸다.

과거에 네이버는 파워링크 검색 광고로 이익을 취했지만, 현재는 네이버 검색에서 파워링크는 어떤 키워드를 검색하느냐에 따라 달라진다. 구체적인 매물명으로 검색해보면 상단에 네이버 부동산이 뜨면서 파워링크가 아래로 밀리지만, 그 외의 일반 키워드(예 : 경기 부동산, 서울 부동산, 서울 분양 등)로 검색해보면 상단에 노출된다. '네이버 부동산'이 원탑이기는 하지만, 파워링크도 중개업소 홈페이지, 블로그, 카페 등을 연결해 고객을 유입할 수 있어서 활용만 잘하면 효과를 볼 수 있다.

블로그는 상단 노출이 쉽지 않고 블로그 파트가 뷰에 나오면서 카페, 블로그, 포스트 등과 함께 경쟁해야 하다 보니 요즘은 유튜브가 대세다. 과거에는 가족들이 거실 소파에 옹기종기 모여 앉아 TV를 함께 보는 문화였지만, 현재는 각자의 방에서 스마트폰으로 유튜브를 본다. 유튜브는 본인이 좋아하는 것을 알아채고 알고리즘에 의해서 계속 비슷한 것들을 권해준다. 유튜브 초창기에는 이렇게 재미와 오락을 위한 도구였는데, 유튜브가 친숙해지면서 검색도 유튜브로 한다. 최근에는 유튜브를 통한 검색은 네이버, 다음, 구글을 능가하고 있다.

부동산 중개업계에도 유튜브 바람이 불고 있다. 다양하게 유튜브가 활용된다. 지방의 전원주택을 전문으로 하는 유튜브 채널도 있다. 가장 유명한 곳은 사냥 모자와 조끼를 입고 물건을 소개하는 구독자 35만여 명의 '발품부동산TV'다. 경남 김해에서 발품부동산을 운영하는 홍인표 대표가 운영하고 있다. 고객이 일일이 지방까지 다니지 않아도 물건의 내외부 소개는 물론, 공인중개사의 전문적인 부동산 물건소개를 하고 있다. 물건의뢰 고객에게 약간의 사례비를 받고 촬영과 편집을 본인 포함 3명이 함께하고 있다. 물건홍보에 대한 수익은 물론, 물건거래 성사 시 중개 보수도 받을 수 있어서 요즘같이 중개업 환경이 쉽지 않은 시기에도 여유 있게 중개업을 하고 있다.

투자자가 몰리는 유명지역도 유튜브가 효과적이다. 제주도, 세종시 등 유망지역은 유튜브를 통한 고객 유입이 잘되는 편이다. 대표적으로 '세종몽땅 부동산'을 운영하는 정진숙 대표의 '세종시 부동산 세종몽땅 정진숙'(구독자 8,000여 명), 광명뉴타운 전문, 조향숙 대표의 부동산 쑥쑥TV(구독자 2,900여 명), 압구정동의 이주용 대표의 '압구정소나무TV'(구독자 2,900여 명), 대치동 은마아파트 이후정 대표의 '은마 부동산마트'(구독자 800여 명), 공인중개사 협업 채널로 각 지역을 소개하는 '네오비 부동산 동서남북'(구독자 9,200여 명) 등이다. 관심지역들은 현장의 생생한 목소리를 듣고 싶어 하는 고객의 요구를 충족시켜주기 때문에 인기가 있다. 상담 문의도 많이 들어오고 실제 계약까지 이루어지는 사례도 많다.

유명지역이 아니라 해도 집 안 내부까지 구석구석 보여주는 아파트나 주거용 부동산의 경우도 유튜브를 통해서 고객의 유입이 되고 있다. 이제 유튜브는 선택이 아닌 필수가 되어가고 있다. 유튜브는 간단하게 요즘 성능 좋은 카메라가 장착된 최신 스마트폰만 있으면 가능하다. 스마트폰으로 동영상을 촬영해서 스마트폰 키네마스터 앱으로 편집해서 바로 유튜브로 올려도 된다. 조금 더 정성스럽고 전문가답게 하려면 PC 카메라와 마이크를 구입해서 동영상 촬영한 것을 PC에서 올린다. 본인의 목소리가 들어간 물건을 소개하려면 PC에 OBS Studio프로그램을 설치해 녹화해서 프리미어 프로로 동영상을 편집해서 유튜브에 올린다. 처음에는 시간이 걸리지만, 익숙해지면 굉장히 효율적인 작업이 가능하다. 고객이 손품을 팔아서 온다고 생각하면, 온라인에서 걸리는 시간이 아깝지 않을 것이다. 비대면이 강화되면서 과거와 달라진 현실에 적응해야 하는 것이 필요하다. 세상은 변하고 있다. 움직이는 세상을 쫓아가지 못하면 도태되고 마는 것이 현실이다.

06
중개업소 지역별
맞춤 영업 전략

부동산 영업이나 마케팅 방식은 모든 사람, 모든 지역이 똑같지 않다. 어느 지역에서 유행하는 것이 다른 지역에까지 퍼지려면 시간이 걸리듯이 최신 트렌드의 영업 방식이 지역별로 똑같이 먹히지 않는다. 부동산 계약서를 먹지 입힌 종이에 여러 장 겹쳐서 쓰던 시절에는 부동산 중개업소에 있는 물건 장부가 유일하게 물건을 알 수 있는 장소였다. 부동산 중개업소에 손님이 오면 내 장부에 적합한 물건이 없으면 인근의 안면 있는 부동산 중개업소에 전화를 걸어서 공동 중개를 의뢰했다. 손님들도 직접 발품을 팔아서 부동산 중개업소에 오거나 114에 전화를 걸어서 해당 지역의 부동산 중개업소 전화번호 몇 개를 안내받는다. 전화번호부에 부동산 중개업소 번호를 등록해놓는 것도 중요한 일이었다.

그러다가 인터넷을 이용한 부동산 포털 사이트(스피드뱅크, 닥터아파트, 부동산써브 등)를 이용한 광고를 활용하기도 했지만, 지금의 네이버 부동산에 비할 정도는 되지 못했다. 오히려 벼룩시장을 통한 각종 생활밀착형 지역광고(지자체 단위 정도 지역별로 발행)에 부동산 매물을 홍보하는 것이 효과적이었다. 벼룩시장은 수도권이나 지방 광역시 등에서는 통하지 않지만, 지방의 작은 지역에서는 아직도 통하는 곳이 있다. 어쨌든 고객이 주로 발품을 팔던 시절이라 친한 부동산 중개업소에 전화해서 공동 중개하는 것이 가장 유효한 수단이었으므로 인근 지역의 공인중개사들과 유대를 강화하는 것이 주요한 영업 방식이었다.

이후 스마트폰이 대중화되고 '직방' 앱이 나오면서 원룸, 오피스텔 시장을 평정하게 됐다. 새로운 것을 빨리 받아들이는 젊은 층은 스마트폰 활용도가 빨랐다. 원룸, 오피스텔 시장은 발품을 팔기 전에 '직방' 앱으로 물건을 검색해 기본적인 정보를 갖춰 전화하고 방문하는 형태가 됐다. 최근에는 아파트에까지 영역을 넓혀가고 있다. 후발 주자인 '다방'은 선전하고 있지만, '직방'이 굳건하게 1위를 지키고 있다. 3번째로 도전하는 부동산 시장의 여러 앱이 있지만, 한국공인중개사협회의 '한방'이 광주지역 공인중개사들의 호응으로 자리를 잡아가고 있다. 직접적인 매물 광고가 아닌 앱들이 부동산 앱으로 인지도를 높이고 있다. 대표적인 앱이 '아파트실거래가, 호갱노노, 디스코' 등이다. 한편 자료 9의 네이버 부동산은 확인 매물 제도를 도입해 허위 매물을 신고하게 하고 제재를 가하면서 아파트 거래 시장을 장악했다.

이렇듯 공인중개사는 온라인과 오프라인에서 다양한 루트로 고객을 만날 수 있다. 고객에 따라 선호하는 것이 다르다. 이러한 경향은 지역별로 차별화되는 경향이 있다. 수도권은 광역지역이라서 비슷한 경향을 보이는 데 반해서 지방의 소규모 지역에서는 이행

지체로 인해서 과거의 영업 방식이 유효한 예도 있으므로, 해당 지역에서 고객이 어디에서 오는지 루트를 파악해야 한다.

어느 곳에나 다 효과적인 마스터키 같은 영업 방법은 없다. 형편에 맞게 상황을 봐가면서 판단해야 한다. 이렇게 해보고, 저렇게 해보면서 효과적인 방법을 찾으면 된다. 다양한 영업 전략을 구사할 줄 아는 공인중개사는 매출이 부진하다고 한탄할 시간이 없다. 이런저런 방법을 통해서 고객과 접촉하려고 노력하면서 나만의 노하우를 갖게 된다. 어려운 시기라고 생각되면 이런 격언을 되새겨보면 어떨까 생각한다.

'바쁜 공인중개사는 한탄할 틈이 없다.'

정부가 부동산 시장을 옥죄는 정책을 통해서 압박을 가하면 거래량이 줄어든다. 거래 부진으로 힘들어진 공인중개사들이 뒷담화로 정부를 비난하면 당장은 속이 시원할지 모르지만, 나중에 생각해보면 공허함만 남는다. 냉정하게 현실을 직시하면서 내가 할 수 있는 것은 무엇인지 찾아서 고객에게 DM, TM을 하면서 고객과의 끈을 놓지 말아야 한다. 이때 다양한 영업 전술을 알고 있는 공인중개사에게는 위기가 오히려 기회가 될 수 있다. 다른 공인중개사와 차별화할 기회가 되기 때문이다. 어려운 시기를 대비해서라도 공인중개사는 끊임없이 공부하고 연구해야 한다. 생각하는 공인중개사가 성공한다.

4장

부자 되는
부동산 투자 방법

01

노후 준비를 위해서
투자는 필요하다

10여 년 전에 대부분의 부동산 전문가들은 베이비붐 세대가 은퇴하면 주택가격이 조정받을 거라고 예상했다. 자녀를 출가시키고 나면 중대형 아파트 같은 큰 집에서 살아야 할 이유가 없으므로 큰 집을 매도하고, 대신에 전용 $59m^2$ 정도의 주택을 매수해서 다운사이징 할 것으로 예상했다. 2008년 금융위기를 겪으면서 집값이 조정받으며 이런 예상은 맞아떨어지는 듯했다. 금융위기를 넘긴 2009년부터 부동산 시장이 전반적으로 침체에 빠지고 서울, 수도권 집값이 정체를 보일 때 지방 광역시를 중심으로 집값 상승이 시작됐다.

2013년부터는 지방 아파트값 상승을 멈추고 수도권 집값이 반등하기 시작했다. 이후 2020년까지 집값은 계속해서 상승곡선을 그리고, 정부의 20여 차례의 부동산 대책에도 불구하고 멈출 줄 몰랐다. 서울, 수도권에서 지방으로 번져가면서 전국이 부동산 열풍에 휩싸였다. 정부의 갖은 규제책에도 불구하고 집값이 계속 오른 이유는 뭘까? 공급이 부족하다는 사람도 있고, 저금리로 인한 풍부한 유동성이라고 말하는 사람도 있다. 결국, 문재인 정부에서는 신규 주택 공급과 대출 규제로 해법을 찾았다. 윤석열 정부에 들어서면서는 다주택자 양도세 중과 완화 등 주택 시장 규제 완화로 공급 물량 증가와 세계적 금리 인상 여파로 매수세가 위축되면서 집값이 안정되고 있다.

2008년부터 부동산 시장이 침체하면서 '하우스푸어'라는 말이 유행했다. 집값은 답보상태 내지는 하락 국면에 접어들었는데, 대출을 안고 집을 사서 막대한 이자를 물면서 집을 소유하는 사람을 일컫는 말이었다. 집은 소유의 개념이 아니라 거주의 개념이어야 하는데, 집을 사서 투기하면 후회한다고 말한 일부 지식인들의 몸 값이 올라가는 시절이었다. 사실 이 당시에는 집보다는 차를 먼저 사서 즐기면서 살자는 워라밸을 외치는 젊은이들의 전성시대였다. 융자를 잔뜩 껴서 아파트를 사서 깔고 앉아 있는 사람을 하우스푸어라고 하면서 어리석은 일이라 보았다.

그 당시 부동산 시장에는 수익성 부동산이 더욱 인기를 끌었다. 매달 일정액의 월세가 나오는 상가, 오피스텔이 인기를 끌었다. 같은 상업지역 내에서 짓는 수익성 부동산이지만, 상가는 1층 외에는 분양성이 좋지 않았다. 오피스텔은 높은 층일수록 인기를 끌었다. 아파트의 로열층과 같은 개념으로 봤다. 분양수익이 높은 오피스텔의 무차별적인 공급이 이루어졌다. 오피스텔의 과잉 공급의 영향으로 지금은 오피스텔의 인기가 많이 떨어진 상태다.

2014년 이후 아파트 가격의 지속적인 상승으로 인해 이익을 봤던 사람들이 많아지면서 2017~2018년경부터 현재까지는 구축 오피스텔은 매매거래가 거의 끊기다시피 했다. 비슷한 투자금액이라면 아파트 분양권 투자로 오피스텔의 10년 치 월세 이상의 수익을 얻는 것은 별로 어렵지 않은 일이기 때문이었다.

노후를 위해서 수익성 부동산에 투자하던 베이비붐 세대들이 대거 아파트 투자에 나섰다. 은퇴 후 10여 년 이상 된 베이비붐 세대의 윗세대들은 수익성 부동산을 붙잡고서 얼마간의 월세에 만족하면서 살았다. 베이비붐 세대들은 아직은 상대적으로 혈기 왕성해 아파트나 재건축, 재개발 입주권, 아파트 분양권에 적극적으로 투자한 것이다. 베이비붐 세대들이 이렇게 부동산 투자에 능동적으로 뛰어든 이유는 노후 준비 때문이다.

이들은 열심히 일만 하며 앞만 보고 달려온 세대로, 부모 봉양과 자녀 교육 그리고 자식의 결혼자금을 준비하느라 정작 본인의 노후를 위한 준비는 소홀히 했다. 과거에는 60세까지 일하고 은퇴하면 70세 정도까지 10년 정도의 노후를 보냈다. 이 기간에 퇴직금과 자식들이 주는 용돈으로 살았다. 하지만 이제는 평균 수명이 길어져서 보통 90세 정도까지 살게 됐다. 60세에 은퇴한다면 30년 이상의 노후를 보내야 한다. 베이비붐 세대는 자존심이 세서 자녀들에게 의존하려고 하지 않는다. 그들의 부모 세대들은 자식의 봉양을 받으면서 함께 노후를 보내는 것을 당연하게 생각했다. 베이비붐 세대는 자녀와 떨어져서 독립적으로 사는 것을 당연하게 생각한다. 장성한 자녀 세대와 함께 사는 것을 불편하게 생각하는 것이다.

은퇴 이후 삶의 기간은 길어졌는데, 노후 준비는 은퇴 직전부터 시작하니 늦을 수밖에 없다. 그들이 노후를 위해서 준비한 것은 기껏해야 국민연금 정도다. 국민연금은 많이 받아야 월 150만 원 남짓이다. 그마저도 오랫동안 직장생활을 해야 가능한 것인데, 많은 사람이 중간정산을 통해서 찾아가기도 해서 그 정도의 금액을 연금으로 받는 사람은 드물다. 현재 국민연금 평균 수령액은 52만 3,000원이고, 30년 이상 가입자의 월평균 수급액은 127만 원이다(2019년 6월 1일 기준). 부부가 노후를 보내기 위해서는 적어도 250~300만 원 정도가 필요하다고 한다. 모자라는 금액만큼은 다른 방법으로 보충해야 한다.

저성장시대에 자산소득의 수익률이 떨어져서 5억 원을 정기예금으로 은행에 넣어도 많아야 1.3%로, 한 달 이자는 51만 6,000원 정도밖에 안 된다. 10억 원을 넣어도 한 달 예금이자가 103만 원 정도이니 30년 이상 가입한 사람의 평균 금액인 국민연금 수급액 127만 원과 합하면 230만 원 남짓한 금액으로 한 달을 살아야 한다. 본인 거주 주택을 제외하고, 금융자산이 10억 원인 사람은 고작 0.6%밖에 안 된다(KB금융지주 2020년 한국의 부자보고서).

한 달에 100만 원 정도의 수입을 벌 수 있다면 그 사람은 10억 원의 자산가와 맞먹는 것이다. 2021년 기준 최저임금으로 월 1,822,480원을 받는 사람은 무려 18억 원의 자산가와 맞먹는 것이다. 향후 바람직한 노후 준비는 은퇴 후에도 최대한 본인의 노동력을 활용해 사는 것이다. 대부분 사람은 현실에 닥친 일을 하기 바빠서 노후를 위해서 무엇을 할 것인지 전혀 준비가 안 되어 있는 상태로 은퇴를 맞이한다.

나이 먹은 여자들은 살림도 하고 손주도 봐주면서 소일거리를 할 수 있지만, 남자들이 할 수 있는 것은 아파트 경비원 외에는 거의 없는 것이 현실이다. 본인들의 노후를 위해서 아무런 준비가 되어 있지 않은 현실에서 본인들이 가장 잘 아는 부동산에 투자하는 것은 자연스러운 선택이다.

1970~1980년대의 고도 경제성장을 거치면서 폭발적으로 커진 부동산 시장에서는 불패의 신화가 대부분 사람의 가슴에 자리 잡고 있다. 정부와 언론에서는 '부동산 투기꾼'이라는 주홍 글자를 붙이면서 제재를 가하고 있지만, 고위공직자 국회 청문회에서 보듯 많은 사회지도층은 더 많은 고급정보를 이용해 부동산 투자를 해서 상당한 성과를 내고 있었다. 그러한 과정에서 부동산은 절대 안전하고 실패하지 않을 투자처로 자리매김을 한 것이다.

따라서 10년에서 30년으로 바뀐 노후를 준비해야 하는 패러다임이 바뀐 현실에서 베이비붐 세대들이 선택할 수 있는 것은 부동산 투자밖에 없다. 노인빈곤율 39%로 OECD 평균(13.5%)의 3배 수준인 우리나라의 현실을 고려하면, 베이비붐 세대가 자구책으로 부동산 투자를 선택한 것을 뭐라고 하기 어려운 면이 있다. 다만 이것이 지나쳐서 사회적으로 문제를 불러일으키고 있는 것은 지양해야 한다. 베이비붐 세대가 촉발한 부동산 투자(아파트 투자) 열풍은 30~40대들에게 영향을 주면서 불난 집에 부채질하는 형국이 됐다. 평생직장이 무너진 현실에서 30~40대도 미래를 준비해야 하는데, 아파트값 상승장에서 소외됐을 때 두려움이 엄습해온 것이다.

문재인 정부는 연일 부동산 억제 대책을 쏟아부으면서 규제지역을 늘려갔지만, 이러한 요란한 정책들로 인해서 잠자고 있는 부린이들(부동산 초보자들)을 깨운 것이다. 30~40대들도 본인들의 미래를 걱정하기 시작했고, 열심히 일해서 연봉을 늘리는 것보다 부동산 투자로 더 많은 부를 축적하고 있는 주변의 동료, 지인들을 보면서 각성하게 된 것이다. 지나친 규제 위주의 정책보다는 적절한 공급 대책이 선행됐더라면 하는 아쉬움이 있다.

노후에 집 한 채 없는 사람들의 삶은 피곤하다. 인구의 증가는 이미 2018년에 정점을 찍었고, 2035년경이 되면 가구 수의 증가가 멈추고 주택 수요는 줄어들 것으로 예측한다. 주택 수요가 줄어든다는 것은 주택가격이 조정받는 것을 의미한다. 주택가격이 상승하지 않으면 전세 끼고 갭 투자하는 사람이 줄어든다. 갭 투자자가 줄어들면 전세의 공급이 줄어드는 것을 의미하고, 기존 갭 투자자는 전세의 월세화를 가속화할 것이다. 임대로 사는 사람은 전세가 아닌 월세에서 살게 된다. 내 집이 없는 사람은 월세를 내야 한다.

노후에 줄어든 생활비에서 월세를 부담하고 나면 더욱 줄어든 생활비로 살아야 한다. 내 집이 있다는 것은 주거비가 들지 않는 것이다. 월세를 내는 사람보다는 생활의 여유가 있는 것이다. 내 집이 있는 사람은 주택연금을 신청할 수도 있다. 주택연금은 공시가격 9억 원 이하의 1주택 소유자면 가능하다(9억 원 초과는 9억 원으로 간주해 연금지급을 한다). KB시세 6억 원의 주택을 65세에 신청 시 종신 정액 방식으로 매월 약 150만 원을 받을 수 있다. 평생 본인과 배우자가 모두 죽을 때까지 받는다. 주택을 소유하는 것은 노후 준비의 첫걸음이다. 다만, 어느 지역에 어떤 주택(신축 아파트, 구축 아파트, 빌라, 단독 주택 등)을 가지고 있느냐에 따라 미래 가치가 달라지기 때문에 신중하게 접근해야 한다.

02
아파트 및 분양권 투자

 부동산 투자 중에서 가장 쉽게 접할 수 있는 것은 주택 투자다. 누구나 거주를 위한 주택을 소유하거나 임차를 하고 있다. 해당 주택의 가격이 등락하는 것을 알 수 있다. 우리나라는 주택 중에서 아파트가 차지하는 비중이 61.4%(2018년)다. 아파트는 동일한 면적, 단지, 동일한 지역에서 유사한 가격을 보인다. 비교 가능한 유사한 거래 사례가 많고 표준화되어 있어서 가능한 일이다. 국토 면적이 좁은 우리나라에서 급속한 도시화로 인해서 부족한 주거 공간을 아파트라는 주거 형태로 해소할 수 있었다. 도시의 성장은 아파트의 성장과 맞물려 있다. 1980년대 초의 강남 개발을 신호탄으로 1988년 목동 아파트, 상계동 아파트 개발, 1993년 수도권 1기 신도시 입주로 본격적인 아파트 시대가 도래했다. 본격적으로 아파트는 거주 및 투자의 대상이 된 것이다.

 아파트가 투자의 대상이 된 것은 우리나라에만 있는 전세라는 임대차제도의 영향이 크다. 우리나라를 제외한 모든 나라에서 임대차는 월세를 의미한다. 우리나라에서는 입주할 때 준 금액을 그대로 돌려받는 전세라는 제도가 발달해서 매매가격과 전세가격의 차액만 투자하는 갭 투자가 성행한다. 게다가 전세 금액의 80%까지 전세대출이 가능해서 매매가격 상승에 맞춰서 전세 금액을 따라서 올려줄 수 있다. IMF 이전의 고도성장기 시절에는 고금리로 대출에 대한 부담이 컸으나 저성장의 시대에 저금리로 인해서 대출에 대한 부담이 줄어든 것이다. 저금리로 인해 전세대출을 받아서 올라가는 전세값을 받쳐 주면 매매가격이 올라가는 순환고리의 구조가 계속되고 있다.

하지만 모든 아파트가 전부 이런 식의 가격상승이 되는 것은 아니다. 주로 신축 아파트에 대한 선호도가 크다. 강남을 비롯한 일자리가 많은 곳의 선호도도 크다. 교통이 좋은 곳이 선호도가 있는 식이다. 급속한 도시화로 주택에 대한 수요는 넘치고 공급이 부족해 수급 불균형으로 인한 가격상승이 된다. 주택보급률이 100%가 넘는데, 집이 왜 부족하냐고 묻는 사람이 있다. 주택보급률에는 외국인과 주민등록상 분가하지 않은 1인 가구가 빠진 것이다. 국내 거주 외국인 노동자가 200만을 넘어서 계속 증가세에 있다. 주민등록상 분가하지 않았지만, 실질적으로 분가해서 사는 비혼자의 비율이 증가하고 있다.

그리고 서울은 주택보급률이 95%에 불과하다. 또한, 20년이 넘은 낡은 주택의 비율이 높다. 전국의 아파트 1,082만여 호 중 20년 이상 노후 아파트는 428만여 호로 39.6%에 해당한다. 서울은 전체 주택 290만여 호 중 45.1%에 해당하는 130만여 호가 20년 이상 된 낡은 주택이다. 서울시민의 80~90%는 아파트에 살고 싶어 한다. 하지만 서울시 주택 중 아파트의 비율은 58%에 불과하다. 선호하는 주택(아파트)이 상당히 부족함을 알 수 있다. 특히 선호도 높은 신축 아파트는 매우 부족하다.

수도권 1기 신도시가 입주를 시작한 것은 1993년부터다. 평면 설계는 1988년경에 이루어진 것이다. 1988년의 우리나라 GDP는 5,000달러 정도였다. 현재는 GDP 3만 달러 시대로 삶의 수준으로 볼 때 1기 신도시로 눈높이를 맞추기 어려운 것이다. 현재는 $59m^2$도 4베이 평면이 나오고 있다. 과거에는 전용 $84m^2$도 2베이 평면이었다. 중대형 평형 정도 되어야 3베이 평면이 가능했다. 2000년 이후에 나온 전용 $84m^2$ 아파트에서 3베이 평면이 나왔다. 주차장도 현재는 전부 지하로 만들어서 지하 주차장에서 엘리베이터를 타고 세대까지 비 한 방울 맞지 않고 들어갈 수 있다.

과거에는 지상에 주차장은 당연하고, 그나마 주차공간도 부족해서 사이드 브레이크를 풀어서 2중으로 주차했다. 사람들은 GDP 5,000달러 시대의 아파트보다는 GDP 3만 달러 시대에 맞는 아파트에 살고 싶어 한다. 이러한 기본적인 욕구의 반영이 신축 아파트에 대한 선호도 증가로 이어지면서 아파트 분양권이 인기를 끌게 됐다.

아파트 분양권은 공공택지와 민간택지로 나누어서 볼 수 있다. 공공택지는 분양받고 1년 이상 지나야 거래할 수 있다. 제한 기간이 2년, 3년짜리도 있다. 민간택지는 최소 6개월 이상 지나야 분양권 거래가 가능하다. 조정대상지역이 되면 입주 시까지 분양권 거래가 안 된다. 조정대상지역 지정 이전에 분양한 아파트 분양권은 거래가 되지만, 양도세가 무조건 60%다. 주민세까지 더하면 66%

다. 2021년 6월 1일 이후부터는 양도세율이 10% 올랐다(1년 미만 70%). 아파트 분양권 양도차익의 대부분을 세금으로 환수한다. 이 제는 아파트 분양권으로 투자하지 말라고 하는 것이다.

아파트 분양권 거래가 막히니 오피스텔 분양권이 거래가 된다. 오피스텔은 분양 후 바로 분양권 거래가 가능하다. 물론 2년 이상 되어야 양도세가 일반세율로 과세가 된다. 일종의 풍선효과로 서울 과 수도권, 지방광역시 주요 도시의 아파트 분양권 거래를 막으니 비규제지역의 아파트 분양권이 폭등했다.

규제의 강화로 대부분의 아파트 분양권 거래를 규제하니 비아파 트이지만 규제가 없는 주거용 오피스텔의 분양권 거래가 활발하다. 아파트와 주거용 오피스텔을 보유한 세대는 추가 아파트 구입 시 취득세가 8%로 중과되지만, 오피스텔 구입은 취득 당시 주거용일 지, 아닐지 정해지지 않았으므로 취득세가 4%로 오히려 다주택자 의 취득세 중과보다 저렴하다. 아파트 분양권 투자는 소강상태이지 만, 미분양 아파트가 늘어나면 또다시 아파트 분양권 거래를 허용 하게 될 것이다. 아파트 분양권 시장이 과거처럼 황금알을 낳은 거 위가 될 수 있는 날이 올 수도 있다.

아파트가 부족하므로 정부에서는 아파트의 재건축은 규제하고, 주택의 재개발은 권장하는 편이다. 주택의 투자는 재개발로 방향을 틀고 있다. 재개발은 노후 주택이라 매매가격 대비 전세가격 비율 이 낮아서 초기 비용이 많은 편이고, 언제 사업이 진행될지 몰라서 오랜 기간 애태우는 경우가 많다. 2021년 들어서는 취득세 중과에 도 불구하고 다시 아파트 갭 투자가 늘어나기도 했다. 다주택자에 중과되는 취득세는 나중에 양도세 계산 시 필요 경비로 공제 되기 때문에 신경 쓰지 않는 것이다. 다주택자 양도세율이 중과되지만, 장기 보유하면서 추후 양도세가 완화될 때 매도하겠다는 전략을 세운 것이다. 주택의 투자는 기본적으로 1세대 1주택 양도세 비과세와 일시적 2주택 비과세 규정을 활용해 양도세를 절감하는 것이 포인트다.

03

무주택자의
3기 신도시 청약 전략

    분양권 투자는 비규제지역에서 주택을 보유한 사람들의 전략이라면, 규제지역에서 무주택자는 적극적으로 3기 신도시를 포함해서 좋은 위치의 아파트를 청약하도록 해야 한다. 공인중개사도 기본적인 청약에 관한 사항은 잘 알고 조언을 해줘야 한다. 2021년 2월 4일에 정부는 주택 공급 대책을 발표했다. 서울, 경기, 인천 등 수도권과 5대 광역시에 총 83만여 호의 주택을 공급하겠다는 내용이었다.

    주택청약을 넣기 위해서는 청약통장에 가입해야 한다. 청약을 넣을 수 있는 아파트는 공공택지 위주로 분양하는 국민주택과 민간건설사가 분양하는 민영주택이 있다. 국민주택은 국가나 지자체에서 공급하는 전용 $85m^2$ 이하의 주택으로 LH, SH공사 등 공공에서 공급하는 아파트다. 국민주택은 분양가격이 저렴하지만, 자격조건은 민영주택보다 더 까다롭다. 국민주택은 청약통장의 납입 횟수, 납입 총액이 많은 순으로, 민영주택은 청약 가점이 높은 순으로 당첨자를 선정한다. 2015년 9월 1일부터 청약통장은 '주택청약종합저축'으로 통일됐고, NH농협은행을 포함한 대부분의 시중은행에서 개설할 수 있다. 연 소득 7,000만 원 이하인 무주택자는 연말정산 시 납입 금액의 40%(96만 원 한도), 최대 240만 원(월납 20만 원 기준)까지 소득 공제도 받을 수 있다.

수도권 공공택지, 투기과열지구의 민영주택 중 전용면적 85㎡ 이하는 100% 가점제(조정대상지역은 75%, 기타지역은 40%)이고, 전용면적 85㎡ 초과는 가점제 50%, 추첨제 50%(조정대상지역은 가점제 30%, 추첨제 70%)다. 민영주택에 당첨되기 위해서는 기준예치금액(전용면적 85㎡ 이하인 경우 : 서울, 부산 300만 원, 기타 광역시 250만 원, 기타 시, 군 200만 원) 이상이 주택청약 예금에 가입되어 있어야 한다. 2007년부터 청약가점제가 도입되어서 무주택 실수요자에게 유리하도록 계속해서 까다로워졌다.

청약통장 가입기간, 무주택기간이 길수록 유리하다. 가입기간은 미성년일 때 2년을 인정해주므로 만 17세 생일 전날 청약통장을 개설하면 된다. 국민주택의 경우는 예치금액의 기준은 없고, 총 납입금액과 납입횟수가 중요하다. 1회 인정되는 납입금액 한도는 10만 원이다. 이를 위해서는 매월 10만 원씩 꾸준히 납입하는 것이 유리하다. 투기과열지구 및 조정대상지역 내 국민주택 청약 시 2020년 4월 17일에 강화된 기준으로 보면, 청약통장 가입기간 2년, 납입횟수 24회를 채운 세대주(과거 10년 이내에 다른 주택에 당첨된 사람이 없는 무주택 세대주)여야 1순위가 될 수 있다. 해당 지역에 2년 이상 거주해야 한다.

투기과열지구 및 조정대상지역 내 민영주택 청약자격 조건도 강화되어 무주택 세대주, 처분 조건의 1주택 세대주만 1순위 청약이 가능하다. 비규제지역의 민영주택은 기준 금액을 충족하면 2주택 이상의 세대원도 청약할 수 있다. 이제는 규제지역에서 세대원은 청약이 불가능해졌다. 직업을 가지고 있는 성인 자녀는 분가해서 세대주가 되어 청약을 노려보는 것도 필요하다.

부모와 자녀가 독립세대를 이루어 분리하려면 원칙상 거주지, 주소를 이전해 부모와 다른 곳에 살아야 한다. 주택 일부를 임대해 별도의 출입문, 부엌, 욕실이 있는 경우는 가능하다. 30세 이상이나 결혼하면 소득과 무관하게 별도 세대가 가능하지만, 30세 미만은 일용직이나 아르바이트 급여가 아닌 계속적, 반복적인 소득이 있어야 한다. 소득을 산정하는 1년 동안 월평균 소득이 중위소득 40% 이상이어야 한다. 18세 이하 미성년자는 소득 요건이 충족되어도 부모의 세대원에 포함된다.

주택청약은 과거에는 '국민은행'이나 '아파트 투유'에서 신청하다가, 2020년 2월 3일부터 한국부동산원 '청약홈'에서 인터넷으로 신청한다. 일반 공급에 우선해 정책적 배려가 필요한 사회계층 중 무주택자를 위한 특별공급 제도가 있다. 국가보훈처 등 특정 기관의 추천받았거나 노부모 부양 가구, 다자녀 가구, 신혼부부 등 소정의 기준을 충족한 사람들은 특별공급 청약을 신청할 수 있다.

공공분양의 80%, 민간분양의 40~50%가 특별공급이다. 특별공급은 무주택 세대주나 세대 구성원으로 평생에 단 한 번, 1세대당 1주택에 한해 1회만 가능하다. 공통적으로 청약통장 가입기간이 6개월 이상이면 자격이 주어지며, 국가유공자 및 장애인의 경우는 청약통장 없어도 가능하다.

신혼부부는 혼인신고 후 7년이 지나지 않고 혼인 후에 주택을 소유한 적이 없어야 한다. 공급 세대수의 50%는 해당 지역 거주자에게 우선 공급된다. 소득 요건에 따라 우선 공급(특별 공급 물량의 70%, 기준 소득 이하)과 일반 공급(30%, 기준 소득 이상)으로 나뉜다. 전년도 도시근로자 가구원 수별 가구당 월평균 기준소득에 따른다. 2020년 기준으로 외벌이는 6,030,160원이고, 맞벌이는 7,236,192원이다(세전 기준). 외벌이는 연봉 7,200만 원, 맞벌이는 연봉 8,600만 원 정도면 우선 공급이 가능한 수준이다.

우선 공급 또는 일반 공급 내 경쟁이 있는 경우, 미성년 자녀가 있어야 1순위다. 자녀가 없으면 2순위이므로 당첨 확률이 낮다. 혼인 기간 중에 주택을 소유한 적이 있었으면 2018년 12월 11일 이전에 매도한 경우에만 2순위이고, 그 이후 매도한 경우에는 특별 공급 대상이 아니다. 미성년 자녀 수, 해당 시·도 거주기간에 가점이 높다.

만 65세 이상 직계존속을 3년 이상 부양하고 있는 무주택 세대주라면 노부모 특별공급을 노려볼 만하다. 경쟁률도 낮은 편이다. 공공주택 특별법이 적용되는 국민주택의 경우에만 소득 요건이 있고, 민영주택은 소득 요건이 없다. 생애최초 주택 구입은 주택을 소유한 적이 없어야 하고, 청약통장 예치금액이 600만 원 이상이고 혼인 중이어야 한다. 소득 기준은 가구원 수에 비례하며, 소득 및 자산(부동산, 자동차)이 기준 금액 이하여야 한다. 신혼부부는 생애 최초 주택 구입과 비교해 유리한 것을 선택하면 된다.

청약가점은 한국부동산원 '청약홈'에서 계산해볼 수 있다. 과거의 아파트투유에서는 본인이 항목별로 점수를 계산해서 직접 입력

해 넣기 때문에 오류가 많아서 부적격자가 양산됐다. 하지만 '청약 홈'에서도 부적격자가 속출했다. 2020년 6월 9일 1순위 청약에 8만 4,730명이 몰려 인천 역대 최고 기록을 갱신한 '검암역 로열파크씨티 푸르지오' 당첨자 서류 접수에서도 총 4,805가구 중 총 700여 가구가 부적격자로 판정되어 예비 당첨 물량으로 나왔다. 이런 사태가 벌어진 것은 세대원의 주택 소유 여부 및 무주택기간 입력 오류, 중복청약, 신혼부부 소득 초과 등 본인의 상황을 제대로 몰랐던 경우가 대부분이다.

청약가점은 무주택기간, 청약통장 가입기간, 부양가족 수를 항목별로 계산해 합산한다. 투기과열지구, 조정대상지역의 경우, 85m^2 이하는 가점제의 비중이 압도적으로 높으므로 가점이 낮은 사람은 가점제 비율이 낮은 85m^2 초과로 노려보면 가능성이 크다. 규제지역에서는 무주택자 우선공급제도 때문에 2주택자 이상은 청약이 불가능하다. 1주택자는 청약은 가능하나 주택처분 서약을 하는 경우 당첨된 아파트 입주 후 6개월 이내에 매도하면 무주택자와 동일한 조건으로 경쟁할 수 있다.

3기 신도시는 각 지구마다 330만m^2 이상으로 남양주 왕숙, 하남 교산, 인천 계양, 고양 창릉, 부천 대장, 광명 시흥지구에서 총 24만 6,000호를 공급하는 대규모 주택 공급 계획이다. 3기 신도시는 서울과 맞닿아 있거나, 서울과 아주 가까운 곳에 있고, GTX, S-BRT와 같은 다양한 교통수단을 통해 주요 도심까지 30분이면 도착할 수 있다. 우수한 보육, 교육환경으로 아이 키우기 좋은 도시를 만들고, 베드타운이 아닌 자족도시를 지향한다. 특색 있는 디자인 도시, 생활이 편리한 스마트 도시로 전체 면적의 1/3을 공원녹지로 계획해 친환경 명품 도시를 지향한다. 이러한 좋은 주택을 주변 시세보다 낮은 가격으로 공급할 계획이다. 2021년 하반기부터 사전청약을 시작했다. 무주택자라면 청약의 기회를 놓치지 말아야 할 것이다.

04

상가, 점포 등
수익성 부동산의 투자 요령

수익성 부동산은 수익률만 높으면 좋은 물건일까? 수익성 부동산의 투자성은 수익률로만 평가하기 어렵다. 공실의 위험도 고려한다. 수익률이 높아도 공실이 생기면 세입자가 들어올 때까지 월세 수입도 없고, 관리비도 임대인이 부담해야 한다. 공실률이 낮은 물건은 위치가 좋은 곳이다. 그런데 위치가 좋은 곳은 누구나 선호하기 때문에 매매금액이 비싸서 수익률이 낮다. 위치가 좋지 않은 곳은 공실 위험이 크지만, 매매금액이 낮아서 수익률은 높다. 수익률도 높고 공실 위험도 낮은 물건은 없다. 두 마리 토끼를 동시에 잡을 수는 없는 것이다. 흔히 말하는 눈먼 물건은 없다. 본인의 투자금액을 감안해 평균적인 물건을 사는 것으로 만족해야 한다.

두 마리 토끼를 잡으려는 고객의 의뢰를 받는다면 일단은 이야기를 들어보고, 다양한 물건을 보여주면서 고객이 원하는 것이 무엇인지 파악하게 된다. 투자자의 성향이 위험을 선호하는 경우와 안정을 선호하는 경우로 나누어질 수 있다. 공인중개사는 투자자의 성향이 어느 쪽인지 대화를 통해서 알아채야 한다.

여러 물건을 소개해줘도 계속해서 두 마리 토끼를 잡으려고 한다면 그런 고객은 신도시의 분양 상가 물건을 소개하는 것 외에는 방법이 없다. 사실 상권 형성이 불확실한 신도시의 상가는 상가 분양업자의 말만 믿고 투자하기 어렵다. 신도시의 상권은 아파트 입주가 완전히 끝나고 주변 상권이 어느 정도 살아나야 상권이 형성된다. 상권이 형성될 때까지 1~2년 또는 4~5년까지 걸릴 수 있다. 시세를 알 수 없으므로 분양가격에 맞춰서 수익률을 역산한 월세로 임대를 내놓는다. 상권 형성 단계이기 때문에 적절한 월세를 알기 어렵다.

신도시 상가는 신규 분양 입주 후 4~5년 정도 지나면 임대차 시세가 형성된다. 분양가격에 맞춘 무리한 월세를 감당하지 못해서 공실이 되어 수분양자가 대출이자를 내지 못해서 경매에 나와서 낙찰받는 시점이므로, 경매 가격에 맞춰서 월세를 내놓은 금액이 적정한 시세가 된다. 신도시 상가의 월세는 누구도 예상하기 어렵다. 아파트는 신축이 비싸지만, 상가는 장사가 잘되는 곳이 비싸다. 서울의 유명 상권들을 보면 신축 여부와 무관하게 높은 가격이 형성되어 있음을 알 수 있다.

신축 상가를 분양하면 MGM이라고 해서 분양가격의 2~5%까지 주기 때문에 공인중개사 입장에서는 일반적인 상가 매매 0.9%보다 훨씬 수입이 좋다. 이런 유혹에 사로잡혀서 신축 상가 분양을 하게 되면 나중에 상가 입주 시에 월세가 오랫동안 나가지 않아서 공인중개사가 곤혹을 치르는 경우가 많다. 신축 상가 분양 시에는 MGM 외에 중개 보수를 받으면 안 된다.

중개 보수를 받으려면 확인·설명서까지 작성해서 고객에게 제공해야 한다. 그리고 분양 계약서에는 공인중개사 인장 날인이 없으므로 별도의 매매 계약서를 작성해서 공인중개사의 인장 날인을 넣어야 한다. 많은 금액의 분양 수수료를 받았다면 고객에게 별도의 중개 보수를 청구하지 않는 것이 일반적이다. 분양가격이 저렴하고 좋은 물건인데 MGM 요율이 낮아서 추가로 중개 보수를 받아야 할 때는 반드시 매매 거래 계약서, 확인·설명서의 양식을 반드시 지켜야 한다. 중개 보수 청구권이 생기려면 공인중개사법에 따라서 적법한 형식을 갖춰야 한다.

수익성 부동산의 분양 물건 중에서 오피스텔과 분양형 호텔 또는 레지던스를 소개할 때는 유의한다. 오피스텔, 분양형 호텔, 레지던스는 소액으로 투자할 수 있는 물건이라는 공통점이 있다. 신축 오피스텔은 대부분 실입주보다는 임대 목적으로 투자한다. 입주 시에 한꺼번에 많은 물량이 쏟아져 나오기 때문에 월세보다는 전세 위주로 임대가 된다. 주 수요층이 젊은 층인 오피스텔은 전세로 들어올 때 많은 혜택이 있다. '중소기업청년대출'이 대표적이다. 중소기업에 다니는 젊은 층에게 일반적인 주택 전세대출보다 저리로 전세대출을 해주고 있다. 대부분의 신축 오피스텔 전세는 이 제도를 이용하고 있다. 신축 오피스텔은 준공 시점에 대량으로 물건이 쏟아지기 때문에 월세는 잘 나가지 않는 편이다. 전세 물건이 소진되고 참을성 있게 몇 달을 기다리면 월세가 나간다.

신축 오피스텔 투자자는 일반적으로 '주택임대사업자'를 낸다. 주택임대사업자를 낼 경우 세입자가 전입이 가능하고, 임대인은 주택 수에서 제외되기 때문에 본인 거주 주택 매매 시 다주택자 규제를 받지 않기 때문이다. 주택임대사업자는 취득세가 주택요율로 부과되기 때문에 오피스텔 취득세율(4.6%)보다 저렴하다. 기존 오피스텔을 매수할 경우에는 주택임대사업자를 내도 오피스텔 취득세율(4.6%)로 부과되므로 별다른 이득이 없다.

분양형 호텔이나 레지던스는 호텔식으로 외부 업체가 운영한다. 운영수익을 수분양자들에게 돌려주는 형태다. 보통 분양할 때 시행사에서 보증서를 발행해준다. 건물 완공 후 몇 년간, 몇 %의 수익률을 보장해준다는 형태다. 예를 들면 '5년간 8%의 수익률을 보장해준다'라는 보증서를 분양 시행사 명의로 발행해준다. 시행사 대표의 인장까지 찍혀서 발행한 보증서가 문제가 없을 것 같지만 실상은 그렇지 않다. 시행사는 법인 형태로 건물 완공 후에 법인을 해산해버리면 아무도 법적인 책임을 지는 사람이 없다. 호텔은 흑자가 나는데도 회계장부 조작으로 배당해주지 않거나 약정된 배당수익 이하로 지급해도 책임지는 사람은 없다. 이전에 분양했던 대부분의 분양형 호텔, 레지던스의 현실이다. 노후자금을 소액으로 투자해서 매월 고정수익을 기대했던 사람들이 피해를 많이 봤다.

어떤 투자든 위험이 있다. 그 위험을 사전에 줄일 수 있도록 해야 할 것이다. 내가 통제할 수 없으면서 편하게 돈 버는 것은 없다. 나의 욕심이 화를 불러온 것이다. 수익성 부동산은 분양보다는 실제 임대가 맞춰진 물건을 소개하는 것이 좋다. 흔히, 병원임대가 맞춰진 약국을 투자로 찾는 사람들이 있는데, 좋은 위치라면 약사가 직접 투자해서 운영하면 될 것이지, 군이 임차를 얻어서 약국을 운영할 이유는 없다. 신도시의 신규 분양 상가의 경우에는 분양 회사에서 의사와 약사에게 1년 치 월세를 미리 내주고 무상으로 1년간 운영하라고 해서 약국 자리를 분양하는 예도 있으니 주의해야 한다. 1년 뒤에 의사, 약사 모두 떠나면 공실이 될 뿐이다. 심지어는 위층에 병원이 들어오는 메디컬 건물이라고 현혹해 1층 약국 자리라고 비싸게 분양받는 경우도 있다. 분양받고 나면 나중에 병의원은 입점하지 않는 예도 있다. 약국 자리로 분양받은 사람만 속앓이할 뿐이다.

코로나 이후의 비대면이 강화되는 상황은 상권에 좋지 않은 영향을 미쳤다. 많은 사람이 모이는 명동, 홍대, 강남역 등 중심 상권에 공실이 속출했다. 오히려 대단지 아파트 배후지를 낀 지역 상권은 선방했다. 코로나는 결국 백신이 나오면서 풍토병으로 되며 해결될 것이고, 코로나 이후에 재택근무가 많아지는 영향을 받으면서 상권이 재편될 것이다. 코로나가 끝나면 중심 상권은 다시 살아날 것이다. 그렇지만 지금처럼 회사 출근보다는 재택근무가 많아지면서 가족과 보내는 시간이 늘어날 것이다. 지역 거점 사무실들이 늘어나면서 중심 상권보다는 지역 상권이 조금 더 나은 상황이 될 수 있다.

과거처럼 흥청망청 먹고 마시는 문화는 많이 바뀔 것으로 본다. 먹고 마시는 문화 대신 자신을 위해서 경험하는 소비가 더 늘어날 것으로 본다. 건강과 헬스 케어 관련 업종의 선호도가 높아질 것이다. 학령 인구의 감소로 사교육을 위한 3층 이상의 임대는 줄어들 것이다. 코로나19 방역 과정에서 손 씻기가 생활화되어 개인위생이 좋아지면서 내과, 소아과, 이비인후과, 안과 등 처방전이 많이 나오는 의원들이 환자 감소로 어려움을 겪었다. 이런 의원들과 연관이 많은 약국도 어려움에서 쉬이 벗어나기 힘든 것 같다. 코로나 이후에도 손 씻기 생활화와 겨울철 마스크 착용이 습관화될 것으로 예상해보면, 처방전이 많이 나오던 병원과 약국들의 어려움은 많이 개선되지 않을 것으로 보인다. 개인에 대한 투자가 늘어나면서 피부과, 성형외과, 안과, 치과는 여전히 성황을 이룰 것이다.

코로나 이후의 수익성 부동산 시장은 많은 재편이 될 수밖에 없을 것이다. 과거에 잘되던 업종, 잘되던 지역이 코로나 이후에도 잘된다는 보장은 없다. 꼼꼼하게 잘 살펴보고 투자를 해야 할 것이다. 아파트 투자보다 수익성 부동산의 투자는 훨씬 어렵다. 수익성 부동산 투자는 많은 공부를 하고 꼼꼼하게 알아봐야 한다.

05

연령별로 투자 요령과
방법은 다르다

일반적으로 나이가 젊으면 투자할 때 위험을 선호하고, 나이가 든 사람들은 위험을 회피하는 성향이 있다. 젊을 때는 투자에 실패해도 만회할 기회가 있고, 수입이 계속 있어서 부의 총량을 늘릴 수 있는 공격적인 투자를 선호한다. 하지만 은퇴한 투자자는 더 이상 수입이 생기지 않기 때문에, 소액일 경우 이번 투자가 마지막에 가까운 투자일 확률이 높다. 이번 투자에서 실패하면 안 되기 때문에 안정적인 투자를 선호할 수밖에 없다.

경제활동에 참여하고 있는 투자자는 부채를 안고 적극적인 투자를 한다. 저금리를 활용해서 이자를 부담할 경제적인 여력이 있기 때문이다. 은퇴한 사람들은 이자를 부담하기 쉽지 않기 때문에 대출을 안고 투자하는 것을 꺼리는 경향이 있다. 고객이 방문해서 "얼마짜리 찾아주세요!"라고 말하면, 반드시 되물어봐야 한다.

"투자 금액은 얼마인가요?"

"대출을 안고 구매하실 건가요?"

고객이 10억 원짜리 물건을 찾아 달라고 할 때, 대출을 안고 레버리지 할 수 있다면 대출금액+보증금 금액만큼 여력이 있는 셈이다. 10억 원 이하로만 찾지 말고 아주 구체적으로 가지고 있는 현금이 얼마인지 파악하고, 대출과 보증금을 더한 금액만큼 여유 있게 투자처를 찾을 수 있는 것이다.

젊은 투자자는 공격적으로 투자하기 때문에 수익률보다는 미래 가치가 높은 부동산을 선호한다. 은퇴한 투자자는 당장의 수입이 없으므로 미래 가치보다는 현재 수익률이 높은 물건을 선호한다. 나이를 먹어가면서 세상의 풍파를 겪으면 소극적으로 되고 조심스러워진다. 안전하게 가려고 하는 경향이 있다. 이번 투자에 실패하면 끝이라는 절박함이 있는 것이다. 쉽게 결정하지 못하고 몇 달을 두고 신중하게 투자 의사를 결정한다. 고객이 원하는 대로 고객에 맞춤 투자를 하는 것이다.

한편 고객이 자신의 투자 성향을 숨길 때도 있다. 예를 들어, 상가에 투자하는데 "1층에 목 좋고, 수익률도 좋으며, 가격이 상승할 만한 곳을 찾는다"면 세상에 없는 물건을 찾는 것이다. 고객과 충분히 이야기하면서 어떤 것을 원하는지 알아야 한다. 위험을 선호하는 투자자인지, 위험을 회피하는 투자자인지부터 분류해야 한다. 있는 물건, 없는 물건 모두 보여줄 수는 없다.

선택과 집중을 해야 한다. 위험에 대한 고객의 성향을 파악해서 한 방향으로 몰고 가면서 물건을 보여주면 위험 선호도에 대한 고객의 성향을 파악할 수 있다. 고객이 계속 '없는 물건'을 찾는다면 포기해야 한다. 고객은 공인중개사를 선택할 수 있다. 마찬가지로 공인중개사도 고객을 선택할 수 있다. 공인중개사의 말을 신뢰하지 않는 고객에게 에너지를 빼앗길 이유는 없는 것이다.

사실, 젊은 사람들은 상가 투자를 잘 하지 않는다. 본인의 근로소득이 있으므로 종합소득세 신고 시 본인의 근로소득에 상가 임대료를 더한 금액을 신고한다. 약간의 국민연금과 상가 임대소득만 있는 은퇴자는 월세 수입에서 소득세로 내는 금액이 많지 않다. 경제활동이 활발한 젊은 층은 근로소득에 대한 소득세 최고 세율에 상가 임대료가 더해지기 때문에 소득세 금액이 커지게 된다. 상가 투자 시 소득세를 내고 나면 수익률이 많이 줄어들어서 상가 투자의 큰 메리트가 없다.

의사, 변호사 같은 전문직들도 소득세 신고 금액이 크기 때문에 상가 임대 수익에 대한 세율이 높은 편이지만, 상가 투자를 많이 하는 편이다. 근로소득처럼 일정한 수입이 있는 것이 아니고, 불규칙한 수입에 언제 일을 그만둘지 모르는 위험이 있어서 일정한 수입이 있는 상가임대 수익을 선호한다. 이런 경우는 꼭 1층만 고집하지는 않는다. 처음부터 분양받아서 계속 가지고 있는 성향이 있다. 본인들이 분양받아서 병원이나 사무실로 사용하다가 은퇴 후에 임대로 나오는 경우도 많다. 여러 개를 분양받아서 일부는 사용하고, 일부는 임대로 주는 경우도 많다.

젊은 층은 아파트 투자를 선호하는 경향이 있다. 1세대 1주택 비과세 전략을 활용해서 부의 총량을 늘려가는 것을 선호한다. 현재 근로소득으로는 생계비를 벌면서 레버리지 투자 시 이자를 감당할 능력이 된다. 당장은 추가적인 월세 수입이 꼭 필요하지는 않다. 연령이 높은 사람들은 은퇴 후 소득이 적기 때문에 조금의 월세라도 도움이 된다. 크게 가격이 상승해 자본이득을 보지 못하더라도 안정적인 월세 수입이 있는 물건이 좋은 것이다. 때에 따라서 남편의 수입이 있고, 주부가 용돈벌이식으로 오피스텔 같은 것을 투자하는 예도 있다. 젊은 사람이라도 안정적인 월세 수입을 선호하는 사람도 있다. 모든 것을 일반화할 수는 없다. 고객과 충분히 대화하면서 고객의 성향을 파악하고, 고객이 원하는 방향으로 투자 전략을 짜야 할 것이다. 공인중개사는 투자에 대한 고객의 성향에 따라서 맞춤 전략을 써보는 지혜가 필요하다.

06

부동산의 꽃 :
건축, 시행, 분양

건축, 시행, 분양은 부동산 중개를 주업으로 하는 공인중개사들의 궁극적인 로망이다. 특히 남자 공인중개사들이 간절히 소망하는 꿈이다. 고객이 찾는 물건을 보여주고 중개하는 단순 작업을 넘어서 땅을 사서 시행자가 되어 PF를 일으켜서 시공하고 분양까지 하는 것이다. 남의 물건을 중개하는 행위는 법적인 중개 보수의 한계로 큰돈을 벌기 어렵다.

급매로 나온 물건을 싸게 사서 시세대로 되파는 방법도 있기는 하다. 그렇게 눈먼 물건이 나오기를 기다리는 것은 천수답 농부처럼 하늘만 쳐다보는 것과 별다른 차이가 없다. 싼값에 나오는 눈먼 물건만 기다릴 게 아니라 좋은 위치에 있는 땅이 제 용도에 맞는 역할을 못 하고 있다면 용도에 맞게 활용성을 높여주는 것이다. 토지를 매입하면 시세의 80% 정도의 대출이 나온다. 토지를 담보로 대출받아서 건축 시공을 한다. 완공 전에 분양해서 대금을 회수한다. 이러한 과정은 시행사를 통해서 또는 본인이 시행사를 만들어서 진행한다.

공인중개사 지인 중에 김기수 대표(가명)는 30대 중반에 다니던 회사를 그만두고 공인중개사가 됐다. 공인중개사 시험에 합격하자마자 입주한 지 2년이 지난 부천 범박동의 대단지 아파트 단지 상가 부동산 중개업소를 인수했다. 단지 상가 입구 코너에 위치해서 최고의 자리로 금액이 비쌌는데, 그 단지는 범박동 동일 브랜드 5,500여 세대의 6개 단지로 이루어진 단지 중에서 가장 큰 평형대의 단지다. 보통 중대형 평형대의 아파트는 이동이 적은 편이다.

경험이 일천한 공인중개사들이 들어가서는 망하기에 십상이다. 주변 아파트 단지의 부동산 중개업소 현황을 보면, 중대형보다는 중소형 평형으로 이루어진 단지에 부동산 중개업소가 많다. 반면에 중대형 평형에서는 경제적으로 여유 있는 사람들이 많아서 투자 손님이 많은 편이다. 투자 손님들을 적절히 매칭시킬 수 있는 능력이 되는 경험 많은 공인중개사가 잘하는 편이다.

김기수 대표가 인수한 부동산 중개업소의 단지는 거래가 뜸한 일반적인 중대형 평형 단지보다는 목이 좋은 곳이었다. 단지 상가 앞에 전용면적 84㎡의 아파트 단지 후문이 있었는데, 후문에는 상가가 없어서 김기수 대표 단지 상가를 이용하는 사람이 많았다. 자연스럽게 양쪽 단지의 물건을 모두 취급할 수 있는 아주 좋은 위치가 됐다. 반듯하고 성실한 김기수 대표는 지역에 새바람을 일으키면서 1등 공인중개사가 됐다.

몇 년의 시간이 흐른 뒤에 부동산 중개업소를 넘기고 경인 전철 1호선 역세권 인근 구도심 쪽으로 옮겼다. 아파트 단지 중개는 활발하게 돌아갔지만, 아파트 매매, 임대 외에 투자 물건으로 개발하거나 통건물 매물이 없고 대부분 구분 상가 매물뿐이었다. 구도심은 노후됐지만 통건물 매물이 많다. 김기수 대표도 1층에 어린이집이 있는 3층짜리 근생건물을 매입했다. 자금이 부족해 맞벌이하던 와이프가 명퇴해 명퇴금으로 부족한 금액을 메웠다. 2, 3층은 새로 리모델링을 해서 원룸 8개를 꾸몄다.

와이프가 실장으로 본격적으로 부동산 중개에 뛰어들었다. 원룸은 그동안 부동산 중개의 경험을 살려서 고객이 좋아할 수밖에 없게 리모델링을 했다. 전용면적 약 7평 정도로 창가에는 발코니까지 설치해서 보증금 500만 원, 월세 50만 원으로 여성 임차인만 받았다. 전철역까지 도보 5분 거리로 공실 없이 잘 운영됐다. 1층 포함해서 3층 건물에서 매달 600만 원의 월세가 통장에 찍혔다.

종잣돈이 서서히 쌓여갈 즈음에 신축 빌라 부지를 소개하고 중개보수로 2,000만 원을 받았다. 신축 빌라업자와 친해지면서 빌라 신축에 관심을 가지기 시작했다. 빌라 부지를 공동 중개한 공인중개사와 함께 동업으로 해서 1동짜리 빌라를 신축해서 분양까지 끝마쳤다. 그 이후에 부동산 중개업소는 부인이 주로 운영하고, 그는 본격적으로 빌라 부지를 구하고 신축하는 일에 매달렸다.

아침 일찍 빌라 신축공사 현장에 가서 감독하고, 부동산 계약을 하거나 바쁜 일이 있을 때만 사무실에 왔다. 혼자서 1동짜리 빌라를 시행하고 분양까지 마쳤다. 고객이 원하는 것이 무엇인지 누구보다 잘 알고 있었기 때문에 신축 빌라 설계 시 고객의 니즈를 반영했다. 당시에 신축 빌라에 엘리베이터를 꼭 넣지는 않았는데, 엘리베이터를 무조건 넣었다. 금액이 비싸더라도 4~5층의 분양을 위해서는 엘리베이터가 있어야 한다는 것을 중개하면서 체득했기 때문이다.

　자신감이 붙어서 2동, 3동짜리 빌라를 시행했다. 이제 중개업은 뒷전이고, 본격적인 시행을 시작한 것이다. 고객이 요구하는 시간대로 움직이는 것이 아니고, 본인의 시간대로 움직이는 사람이 됐다. 11층짜리 나 홀로 아파트도 시행했다. 10여 채의 빌라와 2동짜리 아파트 시행을 끝으로 은퇴했다. 본인이 시행한 빌라의 1층 상가에 부동산 중개업소를 차려서 운영하다가 다른 사람에게 넘기고, 그동안 투자해놓은 수익성 부동산에서 월세를 받으면서 40대 후반에 경제적인 활동에서 은퇴했다. 바닷가에 전원주택을 짓고 낚시하며, 매일 여유 있는 삶을 살고 있다. 공인중개사 생활을 시작한 지 12년 만에 은퇴한 것이다. 이제는 조용히 쉬면서 욜로족의 생활을 한다.

　남들처럼 선호 지역에서 아파트 중개만 했다면 지금의 여유로운 생활이 가능했을지 가늠이 안 된다. 김기수 대표의 성공 사례처럼 노후 주택이 많은 곳에서 고객과의 신뢰를 쌓으면서 물건을 접수해 빌라 부지를 확보할 수 있는 곳이라면 좋은 기회가 될 수 있을 것이다. 그런 곳이 나중에 재개발 구역으로 지정되기라도 하면 정신없이 투자 손님을 받는 곳이 되는 것이다. 공인중개사들에게는 현재 상황에 만족하면서 고객과 유대를 강화하면 기회가 얼마든지 있다. 생각하는 공인중개사가 성공한다는 것을 명심해야 한다.

07
투자의 원칙에
대한 생각

투자는 항상 겸손해야 한다. 단기적으로 높은 수익을 올리는 것보다는 장기적으로 안정적인 수익을 가져갈 수 있도록 해야 한다. 투자를 처음 해본 사람이 상승장에서 우연히 큰돈을 벌게 되면 그것이 본인의 실력이라고 착각한다. 그것이 실력이 아니고 초심자의 행운이었음을 나중에 알게 된다. 나심 니콜라스 탈레브(Nassim Nicholas Taleb)의 《행운에 속지 마라》에 보면, 사람들은 예측할 수 있다고 생각하는데, 사회현상은 예측할 수 없고, 행운에 의한 우연한 성공에 고무되어 미래를 예측할 수 있다고 착각한다는 것이다.

러시안룰렛 같은 위험한 도박에서 우연한 성공은 결국은 파멸을 맞을 수밖에 없다. 러시안룰렛은 6분의 1의 확률로 총알이 있는 것인데, 총알이 없는 것을 선택했지만 계속해서 운이 좋으리라는 법이 없다. 언젠가는 총알이 발사되어 위험한 상황에 빠지는 것이다. 내가 시장을 모른다는 전제하에 항상 겸손하게 공부해야 한다.

내가 욕심을 부리면 나의 욕심을 이용해 사기를 치려는 사람들이 덤빈다. 본인의 허황한 생각이 있으니 사기꾼에게 당하는 것이다. 과감하게 투자해야 할 때는 과감하게 내지르는 용기가 필요하기도 하다. 하지만, 사전 지식 없이 덤비는 것은 용기가 아니고 만용이다. 투자에는 반드시 지식과 용기가 필요하다.

러시안룰렛처럼 6연발 중 1발이 죽음으로 몰고 가는 총알이 있고, 나머지는 달콤한 이득의 유혹이 있는 위험한 것은 하지 말아야 한다. 탈레브는 현실에서의 러시안룰렛은 6연발이 아닌 수백, 수천의 연발 권총에 총알 한 발이 들어가 있는 것과 같다고 한다. 총알이 나올 확률이 낮아서 아무리 당겨도 총알이 나오지 않기 때문에, 위험하고 무모한 도박을 계속하다 종국에는 비극적인 파멸을 맞이한다는 것이다.

부동산 투자는 다른 금융 투자에 비해서 안전하다고 한다. 주식 투자처럼 파산해서 상장 폐지된다는 비극을 맞이할 확률은 낮다. 인구가 늘고 경제 규모가 커지는 상황에서 이용할 수 있는 부동산에 대한 수요는 계속 늘어난다. 부동산은 대부분 사용 가치가 있으므로 용도에 맞게 이용할 수도 있다. 빌라의 가치가 분양받는 순간부터 계속 감가상각하면서 하락하지만, 주거의 용도로 계속 이용할 수 있다. 장사가 안되는 근생은 창고 등의 용도로 임대로 줄 수도 있다.

물론, 부동산에도 위험한 투자가 있다. 앞서 언급했던 것들로, 내가 통제할 수 없는 분양형 호텔, 분양형 쇼핑몰 등은 한 푼의 수익도 없고 계속 세금만 나오는 애물단지가 될 수도 있다. 내가 약간의 불편함이라도 감수하지 않고 편하게 수익을 남기고자 하는 욕심이 화를 불러오는 경우다. 어떠한 경우든 투자는 위험을 감수하는 것이다. 위험을 감수할 생각이 없는 사람은 은행에 돈을 맡기는 수밖에 없다. 경제성장률이 0%에 가까운 선진국의 경우에는 예금에 마이너스 금리를 적용해서 이자는커녕 오히려 은행에 보관료를 내야하는 지경이 됐다.

편하게 돈 벌겠다는 생각은 버려야 한다. 투자를 공부하고 실천하면서 다가오는 노후를 준비해야 한다. 은퇴 후 30년의 세월에 대비해서라도 투자는 미리미리 공부하고 종잣돈을 만들면서 준비해야 한다. 우리나라 성인들의 금융에 대한 지식수준은 10% 정도라고 한다. 선진국의 50%에 한참 못 미친다. 투자에 관한 공부는 선택이 아니고 필수다.

우리나라는 가계 순자산 중에서 부동산이 차지하는 비중이 72.1%(2020년 한국의 부자보고서, KB금융지주)다. 선진국에 비해서 지나치게 부동산의 비중이 높다고 하지만, 선진국도 부동산의 비중이 상당히 높다. 한국에서 금융자산 10억 원 이상 보유한 상위 0.7% 이내에 드는 부자들은 부동산의 비중이 50% 이상이다(2020년 56.6%). 2021년 초에 개미군단들이 매입한 주식의 70%가 삼성전자다. 삼성전자가 KOSPI 시가총액의 30% 정도 되는 것을 고려해도 2배 이상의 쏠림현상이 있는 것을 알 수 있다. 대부분 개미 투자자가 많이 공부하지 않는다는 방증이다. 잘 모르기 때문에 유명한 주식에 투자하는 것이다. 투자는 많은 공부가 필요하다. 특히 주식에 대한 투자는 부동산 투자보다 더 많이 공부해야 한다.

부동산은 지금까지 기본적으로 우상향했다. 몇 년씩 정체와 조정을 받기도 했지만 결국은 우상향했다. 지나치게 욕심을 부리는 경우를 빼고는 대부분 부동산 투자에 성공했다. 이제 우리나라도 선진국 대열에 들어서면서 낮은 경제성장률과 함께 고령화 현상이 가속되고 있다. 부동산도 모든 것이 우상향하는 시대는 끝났다. 지금까지와는 다른 패러다임이 작동할 것이다. 더군다나 코로나 팬데믹 이후의 세계는 완전히 다른 세계로 탈바꿈할 것이다. 미세한 변화의 신호가 큰 울림으로 바뀐다는 것을 명심해야 한다. 공부의 끈을 놓지 말고 시대의 변화를 예의 주시 해야 할 것이다.

5장

성공적인 부동산 중개업 창업과 운영

01
입지 선정,
직원 고용과 관리법

부동산은 입지가 중요하다. 부동산 중개업소도 입지가 중요하다. 좋은 위치가 많은 수익을 가져다줄 확률이 높다. 일반적으로 권리금이 비싼 곳이 좋은 위치다. 권리금은 매도자(물건을 내놓은 사람)의 자존심이다. 권리금 액수 중에는 이 정도는 받아야 한다는 심리가 포함된 것이다. 하지만 매수자(물건을 받을 사람)는 매도자가 달라는 권리금을 전부 주어서는 안 된다. 시세에 맞지 않게 터무니없이 비쌀 수가 있다. 인근의 권리금 시세를 잘 파악해서 바가지를 쓰지 않도록 해야 한다.

입지 선정을 위해서는 발품을 많이 팔아야 한다. 실제로 발로 뛰면서 사람들의 움직이는 동선을 파악해야 한다. 예를 들어 아파트 단지 상가 정문에 자리 잡은 부동산 중개업소의 경우는 무조건 좋은 위치가 아니다. 정문을 통해서 차량이 통행하는데, 사람이 도보로 통행하는 곳은 후문이나 쪽문을 이용하는 예도 있다.

사람이 도보로 통행하는 곳이 좋다. 또한, 대로변에 있다고 좋은 자리는 아니다. 차량이 속도를 내면서 달리는 곳이라면 고객을 맞이할 확률이 낮다. 차량보다는 사람이 우선이다. 사람의 통행이 잦아도 인도에서 안쪽으로 들어가서 지은 건물도 좋은 위치가 아니다. 신축 건물은 강화된 건축법에 따라서 기존 건물보다 안쪽으로 들어가서 건축한다. 다른 건물들은 예전에 지은 건물이고, 비슷한 규모의 신축 건물은 안쪽으로 들어가 있다면 고객들에게서 멀어지기 쉽다.

상가는 접근성이 최우선이다. 몇 걸음 안 되는 것 같은데도 고객들로부터 외면받는다. 인근 구축과 비교해 신축 건물의 규모가 상당히 커서 고객을 유인하는 경우가 아니라면 안쪽으로 들어간 건물은 피하는 것이 좋다. 초보 공인중개사 시절에 허름한 주상복합 아파트 상가 1층에서 부동산 중개업소를 운영했는데, 주상복합 아파트가 인도에서 안쪽으로 물러나서 지어져 있고, 부동산 중개업소 앞에 자동차 1대를 주차할 수 있는 넉넉한 공간이 있었다. 지나가다가 간단히 차를 주차하고 상담할 수도 있겠다고 생각했는데, 고객의 방문이 적어서 고생했던 기억이 난다. 부동산 중개업소 위치가 인도에서 멀어진 만큼 고객의 마음으로부터 멀어진다.

부동산 중개업소를 보면, 부부가 함께 일하는 경우가 많다. 아파트, 주택, 오피스텔 같은 주거용의 경우는 여자 실장이 필요하고, 상가, 토지의 경우는 남자 직원이 필요하다. 필자는 몇 번의 부동산 중개업소 운영에서 주거용 부동산을 끼고 있었기 때문에 항상 여자 실장을 채용했다. 아무래도 법적인 문제나 세무 상담은 남자를 신뢰하지만, 주거용의 물건 임장은 여자 직원을 편하게 생각하는 고객이 많은 것 같다.

직원을 채용하는 루트는 온라인 광고를 이용하거나 지인들에게 소개를 부탁하는 것이 효과적이다. 직원 채용 시에 고려 사항은 급여조건, 근무조건(근무시간 및 휴무일 포함), 점심, 4대 보험에 대한 것이다. 통상적으로 여자 실장은 기본급+성과급을 주고, 남자 직원은 기본급 없이 성과급을 준다. 성과급은 본인이 계약한 건에 대해서 일정 비율을 사무실에 입금하고, 나머지는 본인이 가져가는 형태다.

자영업이 모두 마찬가지이지만, 열심히 일한다고 수입이 저절로 생기는 것은 아니다. 매출이 있어야 가져갈 것이 생긴다. 공인중개사 대표로서는 수입이 없으면 대표가 가져가는 몫이 없는데, 직원만 급여를 가져가면 불공평하지 않냐고 생각하는 경우가 많다. 직원의 입장에서 볼 때는 아르바이트로 다른 일을 할 때 시간급으로 계산해서 일한 시간만큼 소득이 발생한다.

여직원은 부동산 중개업소에서 고된 노동은 없다 하더라도 본인이 가져가는 몫이 없으면 서운해한다. 시장에서 콩나물 가격 몇백 원도 깎으려는 주부의 심리가 있지 않은가? 대부분은 여자 실장은 기본급을 준다. 약간의 교통비나 용돈이라고 보면 된다. 그 외에 실적에 따른 성과급을 추가로 준다. 부동산 중개업소의 직원들은 대부분 4대 보험의 적용 없이 3.3%의 소득세를 원천징수해 기타소득으로 신고한다.

온라인 직원 모집 광고는 주로 한국공인중개사협회 구인/구직난에 올린다. 매달 6,000원의 정례회비를 내는 정회원은 누구나 광고를 올릴 수 있다. 그 밖에 잡코리아, 사람인에 올려도 된다. 지역 내 사설 거래정보망(공인중개사들이 가입해서 유료로 물건정보를 공유하는 온라인망)에 구인광고를 올리기도 한다.

출처 : 한국공인중개사협회

공인중개사 자격증이 없는 중개보조원을 채용하는 경우는 추천하지 않는다. 공인중개사법상 중개보조원은 물건의 현장 안내와 부동산 중개업소 내 서류작업 등의 일만 할 수 있다. 중개보조원이 고객과 가격 협상을 하거나 거래를 주도해서는 안 된다. 통상적으로 공인중개사 자격증이 없는 배우자가 함께 일하는 경우도 예외가 아니므로 관례적으로 거래를 해왔다고 하더라도 고객이 클레임을 걸 때 문제가 되는 경우가 있다.

부부가 함께 부동산 중개업소를 운영하는 경우에는 부부가 모두 공인중개사 자격증을 갖추도록 해야 한다. 필자도 경력이 많은 중개보조원을 채용해서 몇 년간 함께 일한 적이 있었다. 자격증이 없어도 경력자의 경우는 큰 문제가 없었다. 무자격에 무경력자인 경우는 부동산 관련 법에 대한 이해가 부족해 고객에게 말실수하는 경우가 많다. 사고의 틀이 잡히지 않아서 가르치는 데 많은 에너지를 소모한다. 요즘은 중개보조원은 채용하지 않고 무조건 소속 공인중개사만 채용한다.

　소속 공인중개사를 채용할 경우 단점은 어느 정도 일할 만하면 독립한다는 것이다. 인근 지역에서 물건과 고객정보를 가지고 경쟁 관계가 될 때 치명적이다. 그것을 방지하기 위해서는 채용 시 협약서를 작성한다. '퇴사 후 1년간은 반경 1km 이내에서는 부동산 중개업소 관련 창업이나 고용 관계를 맺지 않고 위배 시에는 손해배상금 5,000만 원을 지급한다'라는 약정을 한다. 협약서의 법적인 효력 여부를 떠나서 이런 내용의 고지를 통해서 인근 지역에서 경쟁 관계를 맺을 생각을 못 하게 된다. 직원이 퇴사하는 경우는 수입이 적거나 더 좋은 기회가 생겼을 경우다. 대표가 욕심부리지 않고 고객 대하듯 직원을 대하면 오랫동안 함께 일할 수 있는 신뢰 관계가 형성된다. 남자 대표의 경우에는 여직원을 여자가 아닌, 직장 동료 관계로 봐서 불미스러운 일이 생기지 않도록 언행에 조심해야 한다.

　부동산 중개업소는 일요일에 문 닫는 경우가 대부분이다. 주 5일제의 확산으로 토요일에도 고객의 방문이 뜸해지고 있다. 부동산 중개업소도 토요 격주 휴무를 하는 곳이 늘어나고 있다. 다른 분야가 주 5일제 근무가 많아지면서 부동산 중개업소 직원 구하기가 점점 힘들어지고 있다. 토요 휴무가 확산하는 것은 실제로 주말에 고객이 잘 오지 않기도 하고, 직원 관리의 어려움 때문이기도 하다. 주말에 하루만 쉬는 것과 이틀 쉬는 것은 차이가 크다. 여자 실장은 집에서는 가정주부이므로 주말에 밀린 집안일을 하다 보면 주말에 하루 쉬는 것으로는 모자라는 경우가 많다. 여자 대표의 경우도 마찬가지다.

전국적인 관심을 받는 세종시 같은 일부 투자 지역의 경우에는 일요일에도 휴무 없이 일하는 경우가 있다. 주말에 바쁘므로 주중에 돌아가면서 휴무를 한다. 직원이 자주 바뀌는 것은 고객들에게도 좋은 영향을 미치지 못한다. 대표의 처지에서도 업무의 손발을 맞추려면 에너지를 소모하기 때문에 피곤한 일이다. 될 수 있으면 직원은 오랫동안 함께 일할 수 있도록 배려하고 양보하면 즐겁고 행복한 사무소를 만들 수 있다. 내 생각의 변화가 일상의 즐거움과 행복을 가져다줄 수 있다.

02

사무실 인테리어 및 간판

공인중개사 창업은 기존 부동산 중개업소를 인수하는 경우가 많고, 신규로 부동산 중개업소를 꾸미는 때도 있다. 필자도 네 군데에서 부동산 중개업소를 운영하면서 처음 두 번은 권리금을 주고 기존 부동산 중개업소를 인수했고, 나중에 두 번은 다른 업종이나 처음 분양된 건물에서 부동산 중개업소를 꾸몄다. 기존 부동산 중개업소를 인수했을 경우, 이전 대표의 평판이 나쁘지 않으면 상호를 바꾸지 않는 것이 좋다. 평판이 좋지 않았다면 상호를 바꾸고, 간판도 새로운 디자인으로 바꿔서 대표자가 확실히 바뀌었다는 것을 알리는 것이 좋다.

부동산 중개업소를 디자인할 때는 고객의 눈높이에서 하되 업무의 효율성을 고려해야 한다. 우선 디자인 콘셉트를 정해야지 마구잡이로 하면 안 된다. 사무실을 꾸밀 때 선배들이 여러 가지 조언을 한다. 디자인 콘셉트 없이 부분적으로 조언을 하는 사람들의 말은 들을 가치가 없다.

자료 11. 필자가 운영하는 사무실

　주로 취급하는 물건 위주로 내 주관을 가지고 콘셉트를 정하면
좋다. 신축 아파트라면 그에 걸맞게 '럭셔리, 러블리, 큐티, 심플'류
의 콘셉트가 좋다. 구옥이 많은 주택가라면 '친근함, 따뜻함, 편안
함' 같은 콘셉트가 좋다. 상가 중개를 한다면 '생동감, 친근함' 정도
면 좋겠다.

　공장, 토지 중개를 하는 곳은 바닥에 타일 시공하는 것이 적합하
지 않을 수 있다. 공장지역에 맞게 토지를 취급하는 농민들이 흙 묻
은 신발을 신고 들어오기 편한 짙은 초록색의 공장 바닥 같은 스타
일이 좋다. 고객이 드나들 때마다 대걸레를 들고 닦는 일이 생기면
안 될 것이다. 공장, 토지 중개는 '단정함' 정도의 콘셉트가 좋을 것
같다. 디자인 콘셉트를 정하면 그것에 맞게 일관성 있게 부동산 중

개업소 인테리어와 꾸미기를 하면 된다.

기존 부동산 중개업소를 인수했을 때 가장 먼저 치워야 할 것이 소파다. 사무실이 아주 커서 공간을 활용해야 할 필요가 있는 때 외에는 소파를 버리는 것이 좋다. 소파는 편한 것이 특징이다. 편하므로 오래 머무른다. 소파는 부동산 중개업소가 동네 마실 나오는 사랑방의 역할을 하는 과거 방식에 적합한 물건이다. 부동산 중개업소는 항상 바쁘다. 인터넷이 발달하지 않아서 온라인 마케팅의 개념이 없을 때는 방문 고객과 전화가 중요한 영업 방법이었다면, 지금은 온라인을 통한 고객 유입이 상당해서 온라인 마케팅에 투자하는 시간이 많다. 고객과 많은 시간을 이야기하다 보면 온라인 마케팅에 신경 쓰기 힘들다.

소파를 버리고 원형 테이블을 배치한다. 테이블은 소파와 비교하면 장점이 많다. 여성 고객의 경우에 치마를 입으면 소파는 자세가 낮아서 불편할 수 있다. 직사각형 테이블도 바람직하지 않다. 소파처럼 자리의 서열이 있다. 소파와 사각형 테이블은 서열이 있는 반면에 원탁은 서열이 없다. 원탁에는 의자만 추가하면 더 많이 앉을 수도 있다. 소파와 사각형 테이블과 비교하면 원탁이 공간도 많이 차지하지 않는다.

과거처럼 물건정보를 장부에 의존하지 않고, PC의 DB에 저장하며 거래정보망을 이용하기 때문에 공인중개사가 앉는 테이블 앞에 고객과 상담할 수 있는 의자를 배치하는 것도 괜찮다. 노트북을 가지고 일하면 노트북을 들고 고객 앞으로 가서 상담할 수도 있다. 또는 태블릿 PC로 상담도 가능하다. 필자의 경우는 상담 테이블보다는 앉은 자리 PC 앞에서 고객과 상담하는 것을 선호한다. 물건을 찾아줄 때는 물건을 가진 고객에게 전화해서 물건을 확인하는 과정이 필요해서 상담 테이블보다는 PC와 전화기가 있는 공인중개사 본인의 자리가 편하다.

가끔 나이 많은 고객 중에는 손님이 들어왔는데도 마중 나와서 상담 테이블에 앉지 않고, 자리에 앉아서 상담하는 것을 불쾌하게 생각하시는 분들도 있다. 이럴 때는 앉아서 인사하지 말고 약간은 일어나서 인사를 하고 본인 자리로 오시라고 안내를 하는 것이 좋다. 이런 것들을 고려해서 사무실을 배치하면 된다.

필자가 현재 운영하는 부동산 중개업소는 45층 주상복합 아파트 상가다. 1층 천장이 상당히 높다. 상가 가운데 중앙 출입구 통로 옆 전용 24평 상가를 나누어서 통로 쪽으로 7평 정도를 사용한다. 출입구에 거대한 기둥이 툭 튀어나와 있고 길쭉한 형태다. 디자인 콘셉트를 '럭셔리 & 심플'로 잡고, 무채색을 기본 컬러로 정했다.

천장까지 높이가 3.5m로 높은 편이라 책장을 9단으로 주문 제작해서 설치했다. 입구 쪽에 거대한 기둥에 아이보리 색 장방형 타일을 붙였다. 안쪽은 짙은 네이비 색 타일을 붙였다. 이렇게 벽에 타일을 붙이면 페인트칠과 도배를 한 것보다 럭셔리한 느낌이 난다. 통로 옆자리라서 복도 옆쪽으로 길게 있는 스테인리스 새시에 검은색 래핑을 했다. 배전반은 흰색 래핑을 해서 흰색 도배한 벽면에 어울리게 했다. 1층 층고가 높으니 천장 공사를 해서 복층을 만들어 물건을 저장하는 공간으로 사용할까 고민했다. 하지만 면적이 작은데 천장까지 낮아지면 더욱 옹색해질 거 같아서 포기했다. 천장 높이를 높게 유지해서 면적이 작아도 웅장함이 느끼게 했다. 작은 면적에 벽면 가득 큰 책장이 들어서 있어서 커다란 지도를 붙이면 과잉 인테리어가 되어 답답할 것 같았다. 주변 지역만 나온 작은 지도와 아파트 평면도를 붙여서 공간의 여유를 만들었다.

천장과 지도 사이에는 여백을 남겨 두었다. 그 여백에 '부동산 투자는 큰돈보다 지식과 용기다'라는 부동산 투자 격언을 주문 제작해서 붙여 놓았다. '럭셔리' 콘셉트에 맞게 황금색으로 글자를 양각으로 파서 벽면에 붙여 놓았다. 글자 위에는 조명등 3개가 비추는 형태를 했다.

자료 12. 부동산 투자 격언 문구

가장 안쪽 벽에는 마찬가지로 황금색으로 글자를 파서 타일 위에 사무실 상호를 붙여놓았다. 바닥은 양탄자 무늬가 있는 회색 데코타일로 했다. 미용실처럼 타일 시공을 하는 곳이 있는데 눈, 비가 오는 날에 고객이 오갈 때마다 지저분하고, 물기가 남아서 미끄러져 다칠 우려가 있다. 데코타일은 타일보다 강도가 떨어져서 7~8년 쓰면 여기저기 벗겨진다. 부동산 중개업소는 다른 업종처럼 많은 사람이 오가지 않기 때문에 내구성이 없어도 밝은색의 데코타일

을 쓰면 된다. 너무 짙은 색으로 데코타일을 하면 벗겨졌을 때 보기에 좋지 않으니 어둡지 않은 회색 계열이 좋다.

간판은 홍보의 시작이다. 간판을 정할 때는 컬러 콘셉트부터 정해야 한다. 빨강(분홍), 파랑, 노랑 중에서 선택한다. 이 3가지 색 중에서 옆의 간판에 묻히지 않게 선택한다. 내가 코너 자리라면 내 마음대로 정해도 된다. 그렇지 않다면 옆 가게에서 선택한 컬러 콘셉트를 피해서 정한다. 옆에 경쟁하는 부동산 중개업소가 있다면 다른 콘셉트의 컬러로 정해야 한다. 내가 빨간색을 좋아한다고 해도 옆의 가게가 빨간색을 쓰고 있다면 파란색, 노란색 중에서 선택한다. 빨간색은 정열적이고, 파란색은 지적이고 차분하다. 노란색은 화사하다. 전문가의 이미지를 고객에게 주고 싶다면 파란색이 좋다. 눈에 띄는 것이 목적이라면 빨간색이나 분홍색이 좋다. 노란색은 낮보다는 밤에 눈에 잘 띄는 색이다. 간판은 이렇게 정한 컬러 콘셉트에서 여러 가지 색깔을 사용하지 않고 디자인하는 것이 좋다. 색깔이 너무 다양하면 간판이 복잡해 보이고 눈에 띄지 않는다.

지나치면 하지 않는 것보다 못하다.

컬러 콘셉트에 맞게 일관성 있는 색으로 밀고 가야 한다. 선팅도 간판과 동일한 컬러 콘셉트여야 한다. 마찬가지로 명함도 간판과 동일한 컬러 콘셉트로 만든다. 컬러 마케팅의 기본은 일관성이다. 보기 좋다고 이것저것 섞어 쓰다가는 죽도 밥도 안 되는 것이다. 간판, 선팅, 명함은 부동산 중개업소의 얼굴이다. 대표의 사무실 운영에 대한 비전이 표현되는 것이다. 전문가적이면서도 고객 친화적인 목적을 띤 일관된 인테리어 전략을 가져갈 필요가 있다. 본인이 고민해서 정한 콘셉트는 일관되게 간다. 주변에서 잔소리하는 사람들의 말은 무시해도 된다. 배가 산으로 가지 않도록 주관을 가지고 확고하게 밀고 가야 한다.

03
창업 교육과 재교육

 공인중개사는 고객이 요구하는 부동산 거래를 하자 없이 처리해 주는 것이 주요한 업무다. 사회의 변화와 필요 때문에 부동산 관련 법은 계속 바뀌고 있다. 새로운 법규를 잘 파악하고 있지 못하면 중개사고로 이어질 수 있다. 공인중개사는 변화하는 법규에 항상 관심이 있어야 한다. 상당수의 공인중개사는 새로운 법규는커녕 기존의 상식적인 공인중개사법도 제대로 익히지 못하고 있는 경우가 많다.

 기본적으로 부동산 중개는 영업과 마케팅을 수반하는 자영업이다. 자영업에 대한 조금의 경험도 없이 공인중개사를 시작해서 잘하는 예도 있지만, 초심자의 행운일 수도 있는 것이다. 운동을 배울 때 초보자는 물론이고 중, 고급자도 전문적인 코치에게 레슨을 받는다. 레슨을 통해서 올바른 자세를 배워서 건강에 도움이 되도록 하고 시행착오를 줄여주는 것이다. 건강과 취미 생활로 운동을 배울 때도 적지 않은 돈을 들여서 전문가에게 배운다. 그런데 생업을 위한 일을 시작하는데, 아무런 배움 없이 바로 시작하는 것은 상당히 무모해 보인다.

많은 공인중개사가 배움을 청하지 않는 경향이 있다. 쉽게 돈 벌려고 하는 얄팍한 마음이 고객에게도 읽힌다. 이러한 공인중개사들의 태도가 고객들이 중개 보수가 아깝다고 말하는 근거가 된다. 의사, 변호사, 약사, 세무사 같은 전문가 집단이 권위를 갖는 것은 오랜 기간의 의무교육과 수련 기간을 거쳐서 일을 시작하기 때문일 것이다. 공인중개사가 이런 전문가 집단은 못 되더라도 고객에게 인정받기 위해서는 끊임없이 자기를 수련해야 한다.

보험 영업의 경험이 있는 사람들은 고객을 상대하는 루틴을 알고 있으므로 부동산 중개에 쉽게 적응한다. 장사했던 사람들은 장사의 경험을 부동산 중개에 대입해서 하는 경향이 있다. 부동산 중개는 장사하듯이 단순히 팔기만 하면 되는 물건들이 아니다. 끊임없이 고객과 소통하고, 고객이 원하는 가치를 다양하게 제공하도록 해야 한다. 이러한 것들이 머리로만 되는 것은 아니다. 전문적인 지식과 경험을 갖춘 사람들에게 지도받아야 한다.

부동산 중개는 무한경쟁을 하는 자영업의 일부다. 공인중개사가 부동산 관련 법에 해박한 지식을 갖고 있어도 부동산 계약서를 쓰지 않으면 소용이 없다. 계약서를 써서 매출을 올려야지만 생계를 유지할 수 있다. 공인중개사 시험에 합격해서 기본적인 부동산 관련 법률에 대한 지식은 갖추고 있다고 본다. 추가적인 법률 지식은 일하면서 계속 배워나가면 된다. 창업 교육의 내용에는 무엇보다도 영업, 마케팅에 관한 내용이 있어야 한다. 개업 전에 이러한 내용을 잘 배워서 현업에서 활용해야 한다.

자료 14. 부동산 교육 분야 브랜드 만족도 1위를 수상한 네오비비즈아카데미

공인중개사의 창업 교육을 하는 곳은 여러 곳이 있다. 그중에서도 오랜 기간 교육했고, 부동산 중개 현업에서 필요로 하는 실용적인 온오프 믹스 마케팅을 배울 수 있는 곳이 좋다. 계약서 특약이나 상가 관련 법규 등은 개업 이후에 배워가면서 해도 된다. 창업 전에는 부동산 중개업소를 운영하는 기본 틀을 만들어가기 위한 교육이 필요한 것이다. 현업을 운영 중이라도 체계적인 창업 교육을 받지 못했다면 교육을 받는 것이 좋다. 본인이 사무실을 운영하는 방식을 돌아보면서 더 좋은 방법을 모색해보는 계기가 될 것이다.

실제로 창업 교육을 받는 사람들은 초보자뿐만이 아니라 5년 차, 10년 차 이상도 수두룩하다. 지금까지의 경험에 대한 반성과 새로운 부동산 중개업소 운영기법을 배워서 활용해 좋은 성과를 내는 경우가 많다. 세상이 변하는 속도는 무어의 법칙에 따라 승수로 변한다. 과거에 내가 해왔던 방법대로 해서는 잘 통하지 않는 경우가 많이 생긴다. 변화하는 환경에 맞춰서 새로운 마케팅 방법을 습득해서 뒤처지지 않도록 해야 한다. 온라인은 시대의 대세다. 지금까지 온라인 마케팅 없이 승승장구해왔던 경우에도 부동산 중개 시장이 시나브로 온라인으로 바뀌고 있다.

새로운 시대에는 새로운 방법의 전략이 필요하다. 혼자 끙끙대면서 알아보려고 해도 쉽지 않다. 공인중개사를 위한 재교육을 받아야 한다. 또한, 해마다 바뀌는 세법에 대해서는 부동산 중개에 필요한 분야는 꼭 알아야 한다. 필자도 매년 초에 하루짜리 세법 특강을 꼭 듣는다. 그동안 고객에게 상담해왔지만 잘못 알고 있는 경우를 발견하기도 하고, 새로 바뀐 세법을 세무 전문가의 강의를 들으면서 보충한다. 몇 년에 한 번씩은 하루짜리가 아닌 여러 날 동안 진행하는 부동산 세무 관련 강의도 듣는다. 그 밖에 계약서 특약 작성, 확인·설명서 작성 같은 기본적인 사항들도 교육을 통해서 계속 체크하면서 보완한다. 상가와 토지 관련 강의도 들어야 하는 분야다.

미국에서 공인중개사는 변호사, 세무사 등을 거느리고 일한다. 공인중개사가 부동산 중개의 중심에 있는 것이다. 우리나라도 어느 순간 그렇게 될 수 있다. 공인중개사가 준비하지 않으면 그런 상황이 왔을 때 주도권을 다른 전문가 집단에 빼앗길 것이다. 정신을 바짝 차리고 미래를 준비해놓는다면 부동산 중개에서 항상 앞서 나가는 공인중개사가 될 것이다. 창업 교육과 재교육은 선택이 아닌 필수다. 공부하지 않는 공인중개사는 도태된다.

04

노란우산 공제가 뭐예요? : 자영업자 세무 전략

자영업자는 매년 5월에 전년도 소득을 신고한다. 소득 신고해 계산된 종합소득세를 자진 납부한다. 총소득 금액에서 소득 공제와 세액 공제를 해서 계산된 과세표준 금액에 세율을 곱한 금액이 납부할 소득세 금액이다. 급여생활자는 회사에서 매년 1월에 연말정산 신고를 한다. 급여생활자는 연말정산 신고할 때 공제항목이 많다.

사업소득자는 부양가족 공제와 기부금 공제는 급여생활자와 똑같이 공제받는다. 급여생활자는 사업소득자와는 달리 추가로 의료비 공제, 주택 월세 공제, 신용카드 사용액 공제, 교육비, 유치원생 학원비까지 공제가 된다.

공인중개사는 사업소득자로 소득세 공제항목이 적다. 소득 공제를 위해서 금융 전략을 짜야 한다. 우선 노란우산 공제에 가입해야 한다. 납부부금 최대 연 500만 원 한도로 해당 연도 사업소득에서 소득 공제를 받는다. 노란우산 공제금은 압류, 양도, 담보가 금지되어 안전하다. 부금은 매월 5~100만 원(분기 납도 가능)씩 일정액의 자

동이체로 가능하다. 폐업, 사망 시에 공제금을 수령할 수 있다. 만 60세 이상이고 부금납부 월수 120회 이상일 때 노령급부를 청구할 수 있다. 그 외 자금 필요시 대출을 신청하면 총 n배의 정부 출연금으로 지원받는다. 노란우산 공제는 일종의 '자영업자 퇴직금'이라고 보면 된다.

공제금은 일시금으로 지급하며 1,000만 원 이상일 경우 분할 지급이 가능하다. 시중은행 창구에서 상담 후 가입할 수 있다. 사업자 본인이 사업자 통장을 만드는 은행에서 노란우산 공제에 가입하면 된다. 개인사업자 외에 3년 평균 매출액이 10억 원 이하의 부동산 중개법인 대표자도 가입할 수 있는데, 총급여액이 연 7,000만 원 이하여야 소득 공제를 받을 수 있다.

그 외에 개인형 퇴직연금(IRP)을 가입하도록 한다. 연간 300만 원까지 소득 공제가 가능하다. 노란우산 공제와 달리 자유롭게 부정기적으로 원하는 금액만큼 입금한다. 중개 보수를 받을 때 추가로 저축해야겠다고 생각하는 금액만큼 자유롭게 입금하는 것이다.

IRP는 관리수수료가 존재한다. 은행과 보험사는 증권사보다 수수료를 비싸게 받는다. 그리고 온라인으로 계좌를 만들면 증권사는 관리수수료를 무료로 해주는 경우도 있다.

노란우산 공제로 매월 일정액을 불입하고, IRP는 부정기적으로 1년에 300만 원 이상을 낸다. 노란우산 공제와 IRP로 각각 300만 원씩 적립하는 것을 권한다. 노란우산 공제는 연 복리로 2.4%(기준이율 2.1%)의 이자를 지급한다. 복리는 원금+이자에 이자를 지급하는 방식이다. 누적되어 적립되기 때문에 목돈마련이 쉽다. 매월 25만 원을 10년 납입하면 원리금 합계액은 33,373,924원이 된다. 20년이면 74,457,165원이 된다. 여기에 추가로 IRP로 연 300만 원을 납입한다. 10년 뒤에 원금만 3,000만 원이고 운용수익까지 합치면 상당한 금액이 된다. 노란우산 공제 연 300만 원과 IRP 연 300만 원을 불입하면 10년 뒤에는 원금만 6,000만 원이고, 이자와 운영 수익까지 합치면 상당한 금액의 목돈이 만들어져서 은퇴 후 자영업자의 노후 준비나 다른 사업을 창업할 때 도움이 된다.

부동산 중개업소 등록을 하면 사업자등록증을 가지고 은행에 가서 사업자 통장을 꼭 만들도록 한다. 사업자 통장은 개인 이름 뒤에 괄호로 사업자 명칭이 들어간다. 예를 들면 통장 소유자 이름이 '김의섭(큰길공인중개사)'라고 적힌다. 신용카드 1개와 직불카드 몇 장을 만든다. 직원들에게도 직불카드를 줘서 점심이나 간단히 소액 결제할 일이 있을 때 사용하라고 준다.

　사업자 통장을 통해서 비용 지출을 통일시켜 놓으면 소득세 계산 시 비용 인정받기가 편하다. 사업자 통장에서 만든 신용카드와 개인적으로 사용하는 신용카드는 홈택스에 비용 지불 카드로 등록해 놓는다. 부동산 중개를 하면서 고객에게 돈을 받아서 다른 고객에게 넘겨주거나 관리비를 대신 내주는 등 인터넷 뱅킹을 해야 하는 상황이 자주 발생한다. 사업자 통장은 이체수수료가 없거나 할인이 된다. 인터넷 뱅킹을 신청해서 활용한다. 고객에게 중개 보수를 받을 때도 명함 뒤에 통장계좌 번호를 적어놓는데, 개인 이름만 있는 것보다는 부동산 중개업소명이 병기된 계좌번호는 더욱 신뢰가 있어 보인다.

　IRP는 연금저축의 한 종류인데, 연금저축은 연 1,800만 원까지 낼 수 있다. 연금저축에는 IRP 외에도 연금저축보험과 연금저축펀드가 있다. 연간기준으로 IRP 300만 원을 낸 후에 여유가 있다면, 추가로 연금저축보험이나 연금저축펀드(주식형, 채권형 중 선택)에 가입한다. 연금저축보험(펀드)은 400만 원(50세 이상은 600만 원)까지 세액공제 혜택이 있다. 연금저축보험(펀드)는 400만 원을 초과해 1,100만 원을 추가로 채워 넣을 수 있다. 가입순서는 노란우산 공제(300만 원), IRP(300만 원), 연금저축보험(400만 원~600만 원)순이다.

　공인중개사는 퇴직금이 없다. 공인중개사를 포함한 자영업자, 프리랜서는 노후 준비를 스스로 해야 한다. 노후 준비와 목돈 마련을 위해서 노란우산 공제와 IRP는 꼭 기억해두자.

6장

지속 가능한
자영업을 위한
자기계발

01
독서 모임에 참여하기

    필자는 독서 모임 2개를 운영하고 있다. 독서 모임을 만들어서 운영하는 노하우를 적은 책이 《독서에 미친 사람들》이다. 네오비 독서지향은 서울에서 공인중개사를 대상으로 운영하고 있고, '부천 독서지향'은 부천에서 일반인을 대상으로 운영하고 있다. 독서를 통해서 교양을 쌓아 보겠다는 의욕에 넘쳐서 시작하지만, 계속 참석하는 사람보다 몇 배는 더 많은 사람이 몇 회 참석 못하고 포기해 버린다.

    독서 모임을 통해서 무엇을 얻겠다는 구체적인 목표 의식과 그 목표를 실천하기 위한 습관을 만들지 못해서 포기하는 것이다. 독서를 제대로 해보지 않은 사람들은 독서는 공부라고 생각한다. 공부하면 좋은 거니까 독서도 좋은 것으로 생각하는 것이다. 독서를 통해서 남들이 모르는 지식을 얻어서 적용하면 이득이 될 것이라는 생각이다. 하지만 독서를 통해서 얻는 것은 다른 데 있다. 독서를 하는 사람들은 사물을 단순하게 보지 않고 다른 시선으로 볼 줄 안다.

자료 16. 네오비 독서지향 모임

마케팅은 차별화가 핵심이다. 경쟁자를 물리치는 목적이 아니고, 고객의 가치를 제공하는 방향의 차별화가 필요한 것이다. 고객이 원하는 가치를 찾는 것은 다른 사람과 똑같은 생각을 해서는 한계가 있다. 남다른 생각을 할 필요가 있다. 사람들은 어제 한 생각의 95%를 오늘도 똑같이 한다. 매일 다른 생각을 하는 것은 쉬운 일이 아니다. 경력이 많은 노련한 운전자라면 '어떻게 운전할 것인지'를 생각하면서 운전하지 않는다. 초보 운전자는 바짝 긴장하면서 운전대를 잡고 앞만 보고 운전한다. 습관적으로 운전하게 되는 경지에 이르면 음악을 듣고, 주위를 여유 있게 둘러보면서 운전한다. 우리의 일상도 비슷하다. 새롭고 낯선 환경에서는 긴장하면서 신중하게 행동하지만, 어느 정도 익숙해지면서 일상화된다. 어제 한 생각과 행동을 오늘도, 내일도 반복하는 일상이 된다. 이렇게 해서는 차별화를 할 수 없다.

남다른 생각을 할 줄 알아야 한다. 남들과 똑같은 생각을 해서는 본인의 주 업무나 일상에서 새로운 아이디어를 찾기 어렵다. 매일 반복되는 일상 속에 빠져 있는 사람들은 생각의 깊이가 깊지 않다. 남들과 비슷한 생각을 하고 있기 때문이다.

넓은 길을 선호하는 사람들은 좁은 길로 가는 것을 두려워한다. 약 20만 년의 역사를 가진 호모사피엔스가 현재까지 생존해온 것은 무리 지어 사는 습성 때문이다. 인간은 사회적 동물이라서 무리에서 떨어져 나와 혼자 생존하기 어렵다. 함께 무리 지어 살면서 위험을 분산하고, 생존 경쟁력을 높여오는 방향으로 진화한 인류의 후손들만 현재까지 살아남아서 유전자를 전달하고 있다. 이러한 특성을 가진 인류는 본능적으로 무리 지어 살려고 한다. 혼자 있으면 불안해한다. 남들과 함께 가면서 비슷한 생각을 하고, 비슷하게 경쟁하는 것에 스트레스를 받으면서도 무리 지어 살고 있다. 무리 짓지 않고 남다른 생각을 하는 사람들은 따돌림당하기 쉽다. 남다른 생각을 하는 것은 대단한 용기가 있어야 하는 일이다.

독서를 하는 사람들은 남다른 생각을 할 수 있다. 책을 통해서 끊임없는 간접경험을 하는 것이다. 경험이 많은 사람은 미래가 어떻게 될 것인지 어느 정도 예측이 가능하다. 풍부한 간접경험으로 미래에 펼쳐질 세상이 보이는 것이다. 무리 지어 살면서 눈앞에 보이는 현실에 적응하면서 살기 바쁜 사람들이 대다수이고, 남과 다른 생각을 하면서 한 차원 높은 곳에서 세상을 바라보는 사람은 소수다. 남들보다 눈높이가 더 높은 곳에서 세상을 바라보면, 남들과 같은 눈높이에서 세상을 바라보는 사람들보다 더 멀리 볼 수 있다. 이러한 것을 '지혜'라고 부르는 것이다. 지혜를 얻게 되는 것이 독서의 힘이다.

독서를 하려면 어떤 책을 읽어야 하는지, 어떻게 읽어야 하는지 잘 모르기 때문에 독서에 흥미를 잃는다. 독서의 효과가 나오려면 어느 정도의 임계치에 해당하는 독서 분량이 넘어야 한다. 대부분 사람은 독서의 임계치를 넘기 전에 지치고 포기한다. 작심삼일이라는 말이 괜히 있는 것이 아니다. 혼자서 하는 독서는 방향을 잡기도 어렵고 꾸준하게 지속하기 어렵다. 함께하는 독서만이 지속성을 가질 수 있다.

독서 모임에 가입하면 모든 것이 다 해결된다. 도서목록이 주어지니까 어떤 책을 읽을지 고민하지 않아도 되고, 정기적인 독서 모임에 맞춰서 독서를 하므로 마감의 압박으로 자발적인 강제성을 띤 독서를 꾸준히 하게 된다. 나에게 맞는 독서 모임을 찾는 것이 중요하다. 나와 연령대가 비슷하거나 나에게 맞는 독서를 하는 곳을 찾아가면 된다. 투자 관련 독서 모임보다는 폭넓게 책을 보는 곳을 권장한다.

독서 모임은 인터넷 검색을 해보면 내가 사는 곳 주변에서 찾아볼 수 있다. 보통은 장소 대여료, 간식비 등 최소의 경비를 모임 회비로 받지만, 주최자가 본인의 사업으로 해서 유료로 하는 곳도 있다. 나에게 깨달음을 주고 삶의 의미를 주는 곳이라면, 돈과 시간을 아끼지 말고 참여하자.

공인중개사가 사회적으로 존경받지는 못하더라도 지탄받고 무시되는 직업이 되어서는 안 된다. 주변 사람들과 자녀들에게 공인중개사라는 직업이 자랑스러워야 한다. 사람의 교양은 그가 쓰는 언어에서 나온다. 사람은 독서를 통해서 다양한 표현을 배우고, 다시 언어로 표출된다. '나'는 내 주변의 가장 친한 5명의 평균이라고 한다. 내가 가장 자주 만나는 사람이 누구인지 생각해보라. 내가 변하고 싶으면 가장 자주 만나는 사람을 바꾸면 된다. 독서를 통한 간접 경험과 책을 읽으면서 자연스럽게 이루어지는 저자와의 대화를 통해서 만나는 사람의 폭을 넓히는 것이다. 《인생의 사계절》의 저자인 짐론(Jim Rohn)은 이렇게 말했다.

"선호하는 식당은 있어도 선호하는 사상가가 없는 사람은 불쌍하다. 그는 자기 몸은 돌보지만 영혼과 정신은 돌보지 않는 사람이다."

02
목표 세우기는 필수다

많은 사람이 해마다 다이어리를 쓴다. 올해 매출 목표를 쓰고 매일매일의 할 일을 기록한다. 매출 목표 외에 건강관리를 위한 운동 목표를 세우기도 한다. 학위 취득이나 투자에 관한 공부를 하기 위한 목표 등도 세운다. 1년 뒤에는 이 목표가 어떻게 됐는지 체크해본다. 해마다 만들어지는 다이어리는 쌓이게 된다. 이렇게 다이어리로 목표라도 세우는 사람은 다행이다. 많은 사람이 연초에 목표를 세우고 어디에 적었는지조차 잊어버린다. 목표를 적었어도 작심삼일이라는 말처럼 며칠 만에 제자리로 돌아간다.

회사에 다닐 때는 회사에서 탑다운으로 내려오는 짜인 목표가 있고, 업무 분장이 되어 있다. 주어진 업무를 하다 보면 회사의 목표에 근접하게 된다. 그런 생활에 익숙해진 사람들은 자영업자의 삶에 새롭게 적용할 필요가 있다. 자영업자는 스스로 결정하고 움직이는 삶이다. 내가 문 여는 시간이 영업 시간의 시작이고, 내가 문 닫는 시간이 영업 시간의 끝이다. 중심을 잡지 않으면 되는 대로 살게 된다. 열심히 한다고 오버페이스하는 경우도 있다. 일과 휴식의 구분을 하지 않으면 단기적인 성과가 나올 수 있지만, 결국은 지치게 된다.

회사생활과는 다르게 목표를 세우고 시간 관리를 해야 한다. 내가 스스로 목표를 정하고, 그 목표 달성을 위한 세부 실행계획을 세운다. 연간목표 달성을 위해서 매일, 매주, 매월 관리를 한다. 아침에 문 여는 시간을 정해서 그 시간에는 반드시 열도록 한다. 고객과의 약속이라고 생각해야 한다. 문 닫는 시간도 정해서 그 시간 전에는 문을 닫지 않도록 한다.

필자는 바인더를 쓰고 있다. 바인더는 탈착식으로 되어 있어서 속지만 바꾸어 넣는 형식으로 되어 있다. 우선 평생 계획을 세운다. 내가 평생 하고 싶은 나의 꿈 리스트를 적는 것으로 그 내용은 다음과 같다. '하고 싶은 일, 갖고 싶은 것, 되고 싶은 모습, 나누어 주고 싶은 것'을 적는다. 그다음에는 연간계획을 세운다. 연간계획에는 일에 대한 목표로 매출 목표 외에 자기계발(독서, 학습, 취미생활 등), 가정 및 재정(배우자, 부모, 저축, 투자 목표 등), 건강(운동, 생활습관, 건강지표), 신앙 및 사회봉사(종교, 자원봉사, 후원 등)로 다섯 가지 분야에서 목표를 세운다.

일에 대한 목표만 세우지 않고, 조화롭고 균형 있는 삶을 살기 위한 목표를 세운다. 그 목표를 달성하기 위한 실행계획과 시간계획까지 적는다. 목표만 있고 실행계획이 없다면 목표의 달성 가능성은 작아진다. 구체적인 공부 실행계획도 없는 학생이 좋은 학교에 합격하기를 바라는 것과 별반 다르지 않다.

실행계획 외에 구체적인 시간계획도 세운다. 예를 들어 자기계발을 위해 한 달에 4권의 책을 읽겠다고 독서 목표를 세웠다면, 실행계획으로 1주일에 한 권의 책을 읽고, 하루에 1~2시간을 투자한다. 하루 중에 어느 시간에 할 것인지도 정한다. 남는 시간에 하겠다고 하면 결코 독서 목표를 달성할 수 없다. 구체적으로 시간을 정한다. 아침 6~7시와 같이 구체적인 시간계획도 세운다. 예를 들어 매일 1만 보를 걷겠다고 목표를 세웠다면, 저녁 식사 후 9~10시에 매일 걷기를 한다는 시간계획을 세우는 것이다.

매일매일 할 일을 적고 시간을 체크한다. 아무 생각 없이 습관적으로 일해서는 목표한 성과를 이룰 수 없다. 잠자기 전에 내일 할 일을 미리 적는다. 내일 할 일 5~6가지를 미리 적는다. 오늘 다 적을 수 없으면 3~4가지라도 적는다. 당일 아침에 2~3가지를 추가하면 된다.

매일같이 루틴하게 이루어지는 일도 적는다. 운동, 독서 같은 것들은 매일 할 일 목록에 들어가 있다. 중요하지만 급하지 않은 일들이다. 고객과의 약속, 잔금일 등은 급한 일이라 누구든 적을 것이다. 급한 일은 빠뜨리면 안 되는 일이라서 누구나 한다. 독서, 운동처럼 급하지는 않지만 누적되면 나를 성장시키는 요소는 당장 급하지는 않다. 하루, 이틀 안 한다고 큰일 나는 경우는 없기 때문이다. 이런 것들은 6개월 이상, 몇 년씩 장기로 누적되면 완전히 다른 사람으로 만들어준다. 매일 주어진 일을 열심히 하는 것은 누구나 하는 것이다. 운동, 독서 같은 자기계발은 오랜 시간 누적되면 다른 사람과 격차가 벌어진다.

이렇게 매일 할 일을 적고 습관화하는 것은 쉬운 일이 아니다. 함께할 수 있는 사람을 찾아서 매일 카톡으로 올리면서 함께 격려하고 서로 도우면 가능하다. 필요하면 하루 1,000원씩이라도 벌금을 매기는 것이다. 선의로 하는 것보다는 약간의 채찍질이 필요하다. 그 돈을 모아서 함께 밥 한 끼 먹으면 된다. 이렇게 100일 정도 하면 매일 할 일을 적는 것이 습관화된다.

목표를 세우는 사람과 목표를 세우지 않은 사람은 성과의 차이가 크다. 필자도 2015년에 3P 바인더를 처음 접했다. 2015년 초에 바인더에 꿈 리스트를 작성하고 연간계획을 세웠다. 매출 목표는 전년도 대비 3배를 적었다. 그전까지 매년 10권 남짓 독서를 했는데, 100권의 목표를 세웠다. 가족들과 유럽 여행계획도 적었다. 매출 목표를 20~30% 정도 향상이 아닌, 3배를 적은 것은 나와 타협하지 않고 지금까지 와는 다르게 살고 싶었기 때문이다. 그해 말에 매출 목표 2배를 달성했다. 3배를 목표로 했기 때문에 2배를 한 것이다. 2배를 목표로 했다면 50% 정도 향상에 그쳤을 것이다. 나의 능력의 한계를 미리 규정짓지 말고 과감한 목표를 세워야 현재와는 다른 방식으로 접근하게 되는 것이다.

독서는 104권을 달성했다. 독서 목표 달성을 위해서 세부 목표로 '100일간 33권 읽기'와 '매주 독서 모임에 개근하기'목표에 도전했다. 100일 동안 술도 끊고, 친구도 만나지 않으면서 35권을 읽었다. 매주 토요일 새벽에 있는 독서 모임에도 빠지지 않았다. 100일 동안 많은 유혹이 있었지만 모두 이겨냈다. 영업을 위해서 사람들과 술 한잔하는 것이 필요하다고 생각했는데, 술 한잔하지 않고도 영업이 잘됐다. 사람들을 안 만나고 술을 먹지 않으니 시간이 많이 생겨서 자기계발을 위한 시간에 투자할 수 있었고, 항상 정신이 맑아졌다. 어느 정도 시간이 지난 다음에는 친구들을 만나고 술도 조금씩은 먹게 됐다. 술은 과하지 않게 적당히 마시는 것은 나쁘지 않다. 지금도 술을 조금씩 마시지만, 책을 읽을 수 있을 정도만 마시고 있다.

2007년에는 가족들과 3박 5일 패키지 상품으로 태국 여행을 간 것이 가족 해외여행의 전부였다. 가족들과 유럽 여행을 가겠다는 목표를 세우니 지나가는 말에도 귀가 쫑긋해졌다. 동생이 자유여행으로 유럽에 가는데, 3개월 전에 비행기 티켓을 예매하면 싸다고 말했다. 필자도 그해 여름에 여행계획을 세웠다. 유럽 문화를 꽃 피운 곳이 이탈리아라고 생각했다. 세계의 수도였던 로마와 르네상스 운동의 중심지인 피렌체를 목표로 했다. 주마간산식으로 버스만 타고 몇 개국을 훑고 지나가는 패키지여행 상품은 처음부터 고려의 대상이 아니었다. 여행지를 정하고 로마행 티켓을 12월 말로 예매했다. 7박 9일의 여행일정을 짜면서 로마와 피렌체를 오가는 호텔, 기차, 유로자전거를 통한 인문학 가이드를 예약했다. 7박 9일의 이탈리아 여행의 총경비는 880만 원(선물비 포함)이 소요됐다. 패키지 여행이었다면 4인 가족 기준으로 1,800~2,000만 원 정도가 필요했을 것이다. 여행을 다녀온 뒤에 졸업사진처럼 앨범을 만들어서 가끔 즐거운 추억을 회상해보고 있다. 유럽 가족 여행이라는 목표를 세우지 않았다면, 이러한 계획을 세우고 실행하기는 힘들었을 것이다. 이후에도 주변의 많은 사람이 나의 이야기를 듣고 자극받아서 이탈리아 등 유럽 자유여행을 다녀왔다.

목표를 세우는 것은 꼭 필요하다. 목표를 세우지 않고 되는 대로 사는 것은 이제 그만이다. 지나치게 얽매이면서 사는 것 아니냐고 묻는 사람들이 있다. 목표가 없는 사람들은 자기 생각으로 사는 것이 아니다. 남들이 세운 기준에 맞춰서 그저 따라 하는 것이다.

사람은 누구나 한 번 산다. 죽으면 모든 것이 끝이다. 한 번 사는 인생인데, 나의 주관을 가지고 살아야 할 것 아닌가? 반복되는 일상을 벗어나서 나만의 중심을 가지고 사는 삶은 멋지다. 내가 자유로 워지기 위해서 목표를 세우고 시간 관리를 하는 것은 통과의례 같은 것이다. 이러한 단계를 거쳐야 새로운 나로 태어날 것이다. 어떻게 살 것인지 결정하는 것은 본인의 몫이다. 바인더 쓰기를 통해서 새로운 삶을 사는 예는 너무 많다. 바인더 쓰기에 도전해보자.

03

학위 취득이나 투자 클럽의
활동이 필요하다

공인중개사는 '퍼스널 브랜드'가 중요하다. 본인이 브랜드가 되어야 한다. 사실 부동산 중개 시장은 레드오션 시장이다. 공인중개사 자격증은 매년 2만 명 내외가 합격하는 국민 자격증이 됐다. 2021년 32회 시험 합격자를 포함해 누계로 46만 명가량 된다. 실제 개업을 한 공인중개사는 대략 11만여 명 정도 되고, 소속 공인중개사를 포함해도 현업에서 활동하는 공인중개사는 20만 명을 넘지 않는다. 절반 이상의 공인중개사 자격증이 장롱 속에 있는 것이다. 그 외에 중개보조원도 많다. 공인중개사 자격증으로 진입 장벽을 쌓기에는 적합하지 않다. 부동산 중개 시장은 누구나 쉽게 접근할 수 있고 경쟁도 치열하다. 미용실이나 카페만큼 많은 것이 부동산 중개업소다. 상가 건물마다, 골목골목마다 부동산 중개업소가 없는 곳이 없다. 재고도 없고 소자본으로 창업할 수 있는 업종이라는 이점으로 우후죽순 생겨났다가 폐업한다.

고객은 이렇게 많은 부동산 중개업소 중에서 어느 곳을 택할까?

어느 사무실에 가거나 비슷한 물건이 있다. 중개 보수도 법으로 정해져 있다. 약간의 협의는 가능하지만, 공인중개사 간 불문율로 어쩔 수 없는 경우를 제외하고는 중개 보수 인하 경쟁을 자제하고 있다. 가격 경쟁은 공멸로 가는 지름길이라는 것을 잘 알고 있기 때문이다. 비슷한 물건에 비슷한 중개 보수라면 고객의 선택은 단 하나다. 신뢰가 가는 공인중개사를 선택한다. 신뢰가 없는 공인중개사라면 물건에 대한 신뢰도 없고 A/S에 대한 걱정도 된다.

내 일처럼 열심히 잘해 줄 공인중개사를 선택하는 것이 인지상정이다. 지나가다가 눈에 띄는 부동산 중개업소가 있어서 들어오는 예도 있다. 흔히 워킹 손님이라고 한다. 워킹 손님이 들어와서 단 한 곳에서 보여준 물건만 보고 계약을 하지는 않는다. 다른 공인중개사와 비교하면서 선택한다. 온라인 시장이 커진 요즈음에는 온라인으로 부동산 물건을 검색해 공인중개사에 대한 조사까지 끝내고 방문한다. 공인중개사에 대한 파악을 어느 정도 하고 오는 것이다.

공인중개사가 신뢰를 높이기 위해서는 우선 복장부터 반듯해야 한다. 깔끔한 차림으로 고객을 맞이하지 않는 공인중개사는 첫인상부터 이미 신뢰를 떨어뜨린다. 사람의 품격은 언어에서 나오는데, 고객과 대화를 하다 보면 고객의 품격이 느껴지듯이 고객도 대화 중에 공인중개사의 품격을 파악한다. 고객이 신뢰할 만한 품격 있는 언어를 쓰도록 한다.

공인중개사는 변화하는 중개 시장에 맞춰서 쉼 없는 학습을 해야 한다. 고졸이라면 방통대 법학과나 일반 대학의 부동산 학과에 등록해서 부동산 중개에 도움이 되는 공부를 하는 것이 좋다. 대졸이라면 야간 대학원이나 사이버 대학원에 진학해서 학위를 따도록 한다.

만 55세 이전에 입학하면 학자금대출도 가능하다. 공부하면서 배우는 것도 많지만, 함께 공부하는 동료들로부터 배우는 것도 많다. 남들이 쉬는 시간에 공부하는 사람들은 배움의 욕구가 강하고 열심히 살려고 하는 사람들이다. 그들로부터 영향을 받아서 나도 자연스럽게 열심히 살게 된다.

내가 만나는 사람들의 질이 나의 삶을 결정하는 것이다. 아파서 병원을 찾아간다고 생각해보자. 의과대학에서 배운 것만 가지고 환자를 진료하는 의사와 대학원에 가서 석박사를 취득하고 세미나에 다니면서 공부하는 의사 중에서 누구를 신뢰할 것인지는 뻔하지 않은가. 마찬가지로 고객도 공인중개사를 선택한다. 무언가 남과 다른 점을 보여주지 않는다면, 그저 그런 비슷한 공인중개사 부류의 하나로 보일 것이다. 남과 다른 나만의 퍼스널 브랜드를 갖기 위해서 학위 취득은 유용한 도구다.

고객을 내 편으로 만들어서 계속 찾아오게 만들려면 부동산 투자에 대해서 잘 알아야 한다. 책을 통해서 공부할 수도 있지만, 투자에 대한 강의를 듣거나 투자 클럽에 가입하면 좋다. 투자에 대한 아주 디테일한 부분은 책에 전부 쓸 수도 없고, 실제 본인이 접하면서 알아야 하는 것이 많다.

일단 유망한 투자 부동산 물건이 어디인지 찾는 것부터가 관건이다. 소문에 의해서 찾아가면 이미 가격은 오를 대로 올라버려서 새로 진입하기가 망설여진다. 무턱대고 부동산 중개업소에 방문해보지만, 그저 입바른 소리로 이 지역이 좋다고만 할 뿐 도무지 신뢰가 가지 않는다. 사전에 충분히 공부가 되어 있지 않으면 선뜻 거금을 들여서 부동산 투자하는 사람은 드물다. 오랫동안 공부하면서 지역에 대한 확신이 있을 때 투자 의사결정을 한다. 마구잡이로 투자를 권한다고 쉽게 움직이지 않는다. 이러한 고객의 심리를 파악하고 접근해야 한다.

투자에 관한 체계적인 공부를 하면서 고객이 원하는 것이 무엇인지 파악하게 된다. 고객은 신뢰할 만한 사람의 말을 신뢰한다. 우선, 투자 강사의 말을 신뢰한다. 투자 강사와 친해진다면 나에게도 기회가 생길 수 있다. 투자 강사가 나를 선택하지 않더라도 투자 강사와 같이 신뢰를 쌓는 법을 배워서 똑같이 하면 된다. 투자 클럽에서는 고객들이 어떻게 투자 의사결정을 하게 되는지 의사결정 과정을 알게 된다. 나의 개인적인 투자를 위해서도 필요하고, 투자 고객을 어떻게 유치할 것인지에 대한 해답을 찾을 수도 있다. 잘 아는 공인중개사 한 분은 지방에서 서울로 투자 강의를 들으러 다닌다. 주말에 이틀 연속 강의가 있을 때는 1박 2일로 서울에 와서 강의를 듣고 내려가기도 한다. 호랑이를 잡으려면 호랑이 굴에 들어가라고 한다. 투자자를 고객으로 맞이하려면 투자자가 있는 곳으로 가야 한다.

04
커뮤니케이션 능력을 키워야 한다

부동산 중개는 부동산 관련 법규 등 전문지식을 알고 있어야 하지만, 잘 몰라도 크게 문제없이 넘어가는 경우가 많다. 반면에 영업력이 없어서 계약하지 못하면 아무리 전문지식을 많이 알고 있어도 매출이 저조할 수밖에 없다. 중개사고가 나면 안 되겠지만, 영업력이 없는 것은 공인중개사로서 자질이 없는 것이다.

영업은 고객을 상대로 직접적인 TM, DM을 보내는 것도 있지만, 가장 기본적인 것은 고객과 커뮤니케이션하는 것이다. 고객과 소통이 되지 않으면 계약이 성사되기 어렵다. 또한, 부동산 중개업소 안에 여러 명이 함께 일할 때에 구성원 간의 커뮤니케이션도 중요하다. 사무실 내에서 시너지를 내기 위해서는 각자의 주장보다는 팀워크를 이루어서 함께 소통하면서 일해야 한다.

커뮤니케이션의 기본은 상대방의 말을 경청하는 것에서 시작한다. 나의 주장만 이야기하지 않고, 상대방의 말을 들어주는 것이 중요하다. 나의 주장만 서로 이야기하다 보면 상호 간의 견해차만 드러낼 뿐이지 대화를 통한 새로운 결론을 도출할 여지가 없다. 대화하는 것의 기본은 내 생각도 다를 수 있고, 상대방의 생각 중에서도 받아들일 것이 있다고 생각하는 것이다. 커뮤니케이션은 상호소통이다. 내 생각과 다른 말을 해도 받아들일 수 있는 경지에 이르러야 한다. 고객과의 커뮤니케이션 능력을 키우는 것은 매출 증대와 직접적인 관계가 있다. 고객의 생각을 캐치해내서 고객의 욕구에 부응하는 능력이 있다면 계약이 안 될 이유가 없다.

이러한 커뮤니케이션 능력은 타고나는 사람도 있겠지만, 얼마든지 후천적으로 길러질 수 있다. 사람의 심리에 대해서 잘 알고 있는 사람이라면 상대방의 반응을 보면, 그 사람이 어떤 심리 상태에 있는지 짐작할 수 있다. 이 세상에 똑같은 사람은 없다. 같은 부모에게서 태어난 형제자매나 쌍둥이들도 각자의 개성이 다르다. 생각하는 것도 다르고 행동 양식도 다르다. 어떤 사람을 볼 때 정해진 틀에 맞춰서 재단하는 것이 아니고, 그 사람의 개성을 존중해줘야 한다.

도덕은 사람을 틀에 맞춰서 재단하는 경향이 있다. 세상만사 모든 것을 도덕의 잣대로 들이대면 안 된다. 또한, 그 사람 나름의 사정이 있을 것이다. 지금 기분이 대단히 안 좋은 상황이거나 다른 일에 집착하는 상황이라면 엉뚱한 대답이 나올 수도 있다.

이러한 상황들은 많은 경험을 통해서 습득할 수 있다. 이러한 경험을 하면서 실수도 하고 성공도 하면서 능력치가 향상된다. 시행착오를 하는 방식으로 습득하다 보면 효율성이 떨어지고 시간이 오래 걸릴 것이다. 특히 영업하는 것은 '을'의 입장에 설 수밖에 없다. '갑'인 고객이 '을'을 선택하는 상황에서 몹시 곤궁한 입장이 되면 내 생각의 폭은 더욱 좁아진다. 갑질하는 고객을 보면 화가 나기도 하고, 일에 대한 회의가 들 때도 있다. 그동안 고객에게 친절하고 성실하고 예의 바르게 잘했다고 생각했는데, 본인의 이익을 위해서 돌변하는 고객도 종종 있다. 이러한 경우에 고객이 갑질한다고 생각하면, 내가 하는 일에 대한 자긍심과 자존감이 떨어진다.

필자의 경우에는 이런 고객은 '돈의 IQ는 높아도 돈의 EQ가 낮은 고객'이라고 본다. 세상에는 본인과 본인 가족, 지인 외에는 모두 적이고, 이용할 대상이라고 생각하는 어리석은 사람인 것이다. 함께 사는 세상이라는 생각으로 서로서로 배려해줄 때 더욱 행복한 세상이 될 것이다. 세상을 냉정한 약육강식의 정글이라고 생각하고 힘들게 사는 불쌍한 사람이라는 생각이 든다. 상황 속에 나를 두고 생각하지 말고 상황을 객관화시키면 내가 상처받을 일은 없다.

커뮤니케이션 능력을 향상하기 위해서는 시행착오를 통한 직접적인 경험도 있지만, 간접경험이 훨씬 더 효율적이다. 독서와 모임의 참여를 통해서 커뮤니케이션 능력을 키우는 것을 권장한다. 독서는 세상의 일에 대한 간접경험을 길러준다. 다양한 상황 속의 개인이 어떻게 행동하는지 배우면서 커뮤니케이션 능력을 향상할 것이다. 인간의 심리에 관한 책을 보면 도움이 많이 될 것이다. 심리학 분야의 책 중에서 최인철의 《프레임》을 권한다. 사람은 본인만의 프레임으로 세상을 본다. 핑크색 선글라스를 쓰고 보면 세상은 핑크색이고, 파란색 선글라스를 쓰면 세상은 모두 파란색으로 보인다. 서로 다른 프레임을 가지고 있다는 것을 이해하는 것이 커뮤니케이션 능력을 향상하는 기본이다. 어느 한 분야가 아닌, 다양한 독서를 통해서 세상과 인간에 관한 이해의 폭을 넓히는 것도 커뮤니케이션 능력을 향상할 수 있다.

아주 편한 친구들 간의 모임 외에 사회에서 만나는 사람들이나 조직에 가입해서 활동하는 것도 좋다. 책에서 배운 것을 실전에서 써먹을 수 있는 곳이다. 이곳에서는 갑과 을의 관계가 아닌 대등한 관계에서 만난다. 내가 다른 사람을 대할 때 어떤 마음인지 이해할 수 있는 장이 된다. 다양한 인간관계를 통해서 커뮤니케이션 능력은 향상된다. 또한, 의도적으로 독서나 강좌 수강을 통해서도 이론과 원리를 배울 수 있다. 커뮤니케이션 능력은 평소에 자연스럽게 키우는 것이다. 고객과의 소통을 통해서 계약을 끌어낼 수 있도록 고객과의 유대관계를 강화한다. 부동산 중개는 기본적으로 영업이다. '영업하는 사람들은 커뮤니케이션 능력을 갖추는 것이 필수다'라는 생각을 잊지 말아야 한다.

05

외부 활동으로
영역을 확장하라

공인중개사는 많은 자영업자 중의 하나다. 의사, 변호사부터 음식점, 편의점, 커피숍, 미용실 등을 운영하는 모든 사람이 스스로 영업활동을 하는 자영업자다. 보통 의사, 변호사, 세무사 등 전문 직업을 가진 분야의 사람들은 사회적 활동을 활발하게 하는 편이다. 지역사회의 각종 단체에서 회장, 부회장, 고문 등 주도적인 역할도 하고, 경제적인 후원을 많이 하는 편이다. 관 주도거나 자발적인 체육 단체, 봉사 단체에서도 활동을 많이 한다.

단일 직업으로 11만여 명의 개업 공인중개사가 있다. 미용실 수만큼이나 많은 것이 공인중개사다. 많은 숫자에 비해서 공인중개사의 사회적 활동 참여는 저조한 편이다. 심지어는 공인중개사의 권익을 위한 공인중개사협회에 가입해서 매월 6,000원의 정례 회비를 내는 것도 아까워하는 사람들이 있다. 협회의 활동이 마음에 안 든다는 핑계를 댄다. 이것은 나라가 마음에 들지 않는다고 세금을 내지 않는 것과 똑같다. 협회에서 활동하면서 개선할 점을 찾아야 한다. 협회뿐만 아니라 다른 곳에서도 참여해서 활동해야 한다.

필자는 공인중개사가 된 이후 한국공인중개사협회에서 분회장, 교육위원장 등 운영위원을 맡아서 활동하고 있다. 아파트 입주자대표회의 일원으로 4년을 봉사했고, 생활체육 활동을 하면서 부천시 궁도연합회 사무국장과 콩나물신문 협동조합에서 대의원 및 대의원 의장을 역임했다. 현재는 부동산 중개업소를 운영 중인 상가의 번영회 회장으로 활동하고 있고, 독서 모임 2개를 운영하고 있는데 공인중개사만을 위한 독서 모임을 서울에서 진행하고, 부천지역에서는 일반인을 상대로 하는 독서 모임을 4년간 진행했다. 시청 민원실에서 변호사, 세무사, 건축사 등과 함께 공인중개사로서 무료 법률상담을 2년간 봉사활동 했다. 이러한 활동은 대부분 일과시간 이외에 짬을 내서 활동하는 것이고, 일과시간에는 크게 겹치지 않는 범위 내에서 활동한다.

사회적 활동에 참여함으로써 공인중개사의 위상이 제고될 수 있다. 부동산 거래할 때 외에는 자주 접하지 못하는 공인중개사에 대한 사회적인 편견이 있다. 부동산 관련 기사의 댓글을 보면, 하는 일에 비해서 공인중개사의 중개 보수가 많다는 내용이 주류를 이룬다. 공인중개사를 사회에서 쉽게 접하지 못하고, 돈만 벌려고 하는 집단이라는 인식이 강하기 때문이다. 공인중개사들은 본인의 이익만이 아닌, 사회적인 책임도 지고 있다는 인식을 줄 필요가 있다. 공인중개사들이 자연스럽게 사회참여 활동을 하게 되면, 공인중개사에 대한 인식도 개선될 수 있을 것이다. 또한, 이러한 활동을 통해서 고객을 소개받는 경우도 종종 있다. 일부러 고객을 창출하려고 해도 힘든데, 약간의 봉사로 저절로 영업이 되는 것이다.

공인중개사는 부동산 전문가다. 부동산 전문가로서 잘할 수 있는 것부터 시작해보자. 본인이 거주하는 아파트에서 입주자대표도 좋다. 부동산에 대해서 잘 알기 때문에 입주자대표회의에 도움을 줄 수 있다. 구성원 중에 변호사가 있는 경우가 아니라면, 공인중개사는 부동산 전문가로서 가장 많은 조언을 해줄 수 있다. 본인이 영업 활동을 하는 곳이 상가지역을 포함하고 있다면, 상인회에서 활동하는 것도 권장해본다. 상가임대차보호법을 잘 모르는 상인들에게 도움을 줄 수 있다.

공인중개사로서 부동산 전문지식을 활용할 수 있는 곳이라면 어디든 활동해보길 권한다. 건강을 위해서 생활체육활동을 하면서 임원을 맡아 봉사하는 것도 권장한다. 종교단체에서도 꾸준히 봉사활동을 해서 영업적인 성과를 부수적으로 얻는 사람들도 많다. 각 지자체에서 동별로 운영되는 자치 조직도 많다. 주민자치 위원회 등에서 활동을 하는 것도 좋다. 필자처럼 독서 모임을 운영하는 것도 좋지만, 많은 준비와 노력이 필요한 분야다. 그 밖에 지역의 사회단체에 활동하는 것을 권장한다.

이러한 다양한 사회참여활동은 공인중개사로서 사회적 위상을 높여줄 뿐만 아니라 본인의 퍼스널 브랜드에도 도움이 된다. 공인중개사가 고객에게 보여줄 수 있는 것은 신뢰뿐이다. 신뢰받지 못하는 공인중개사에게 부동산 물건을 의뢰하는 고객은 없을 것이다. 아무런 사회적 활동을 하지 않고 부동산 사무실만 왔다 갔다 하는 공인중개사와 다양한 사회적 활동을 하는 공인중개사 중 누구를 신뢰할 것인지 상상해보면 알 수 있다.

공인중개사가 고객에게 성실하고, 친절하게 상담하며, 고객의 요구에 맞게 부동산 물건을 매칭해주는 것으로만 만족하면 안 된다. 더 나아가 사회 기여 활동을 통해서 공인중개사 자신의 퍼스널 브랜드를 높여서 고객이 찾아오게 만들어야 한다. 찾아오는 고객은 대화하기가 수월하고, 처음부터 서로에 대한 신뢰가 형성되어서 기분 좋게 진행이 된다. 우리가 일하는 것은 단순히 먹고살기 위해서만이 아닌, 사회의 구성원으로서 역할을 한다는 측면도 있다.

인간이 사회적 동물이라는 것에서 출발한다면 사회 속에서 역할이 있는 것이다. 적절한 사회 기여 활동은 나의 존재가치를 더욱 높여줄 것이다. 스트레스받는 것보다는 기분 좋은 하루가 되기 위해서 다양한 사회 기여 활동에 참여해보길 권한다.

7장

정부의 부동산 정책
영향 분석

01

대도시 집값 상승 원인은
무엇인가?

2020년 12월 기준으로 서울을 포함한 수도권과 전국의 주요 대도시들은 대부분 조정대상지역에 지정됐다. 집값이 급등하는 곳을 조정대상지역으로 지정했다. 왜 대도시는 집값이 상승할까? 지금은 IT 기술을 바탕으로 한 4차 산업혁명 시대다. 4차 산업혁명 시대에는 중화학 공업 같은 중후장대 산업이 쇠퇴하게 된다. 물류를 이용한 대규모의 항만을 낀 산업단지가 쇠퇴하고 대도시 중심으로 일자리가 생겨난다. 과거의 1차, 2차 산업혁명은 새로운 시장을 창출하며 경제 전반의 생산성과 성장률을 끌어올렸다. 새로운 일자리를 많이 창출하면서 사회적으로 일자리 총량이 늘어난 것이다. 중산층이 두껍게 형성이 되면서 사회의 건강성이 올라갔다.

4차 산업혁명은 기존 구 산업의 시장을 빼앗는 데만 열중하고 있다. 늘어난 일자리보다 줄어드는 일자리가 더 많아지고 있다. 4차 산업혁명으로 줄어드는 일자리가 더 많으므로 사회 전체의 일자리 총량은 줄어든다.

아마존도 기존의 유통 시장을 약탈하는 구조로 성장하고 있다. 미국의 전통적인 고급 백화점인 니먼마커스가 2020년 5월에 파산보호를 신청했고, 일주일 뒤에 118년 전통의 중저가백화점 JC페니도 파산보호를 신청했다. 미국에서 가장 대중적인 백화점인 메이시스도 경영 위기에 몰려 있다. 2020년 2월에 미국 전역의 800여 개 매장 가운데 125개 매장을 폐점하고 2,000명을 감원하는 뼈를 깎는 구조조정에 들어갔다. 〈뉴욕 타임스〉는 향후 5년 안에 대형 쇼핑몰의 4분의 1이 사라질 것이라고 보도했다.

생존의 갈림길에 선 오프라인 유통업체가 대량 해고에 나섰지만, 온라인 유통업체는 신규 채용보다는 자동화, 로봇의 도입에 열중하고 있다. 구글, 페이스북, 유튜브의 성장은 기존 미디어 산업의 광고 매출을 대량으로 잠식하고 있다. 국내 TV 방송 3사, 신문 같은 전통 미디어도 광고 매출이 계속 줄어들어 심각한 경영상 위기에 빠져 있다.

이렇게 부족해진 일자리는 4차 산업혁명의 직접적인 수혜를 입는 대도시에 집중해서 생겨나고 있다. 새로운 정보를 얻기 힘들어진 지방의 거주자는 모든 면에서 뒤처진다. 일례로 판교의 IT 밸리가 형성되어 있는데, 판교에 거주하거나 신분당선을 따라서 광교 등에 거주하는 경우가 많다. 요즘같이 평생직장의 개념이 없는 상황에서는 끊임없이 정보를 획득해서 변화에 대비하고 좋은 직장으로 이직을 준비해야 한다. 그러한 정보가 있는 곳으로 사람들이 몰려든다.

재택근무도 많아지고 있지만, 스크린을 통해서 만나는 것과 실제 만나는 것은 많은 차이가 있다. 비언어적인 표현의 의사소통이 불가능한 온라인의 특성상 사람들이 대화해도 거리감을 느끼게 된다. 코로나 팬데믹 상황에서 줌 클라우드, 구글 행아웃 등 온라인으로 회의와 강의를 듣는 경우가 많지만, 실제로 만나서 하는 것보다는 친밀감이 떨어질 수밖에 없다. 결국, 주거지의 선택 기준이 정보를 쉽게 얻을 수 있는 곳이 된다. 서울을 중심으로 한 메갈로폴리스(megalopolis)와 지방의 대도시에 인구가 밀집되어 도시화율은 더욱 높아지게 된다.

일본의 집값이 폭락한 원인은 인구의 고령화보다는 공급과잉의 영향이 크다. 지진이 많은 일본의 특성상 새 집을 선호한다. 우리나라처럼 대규모 부지를 필요로 하는 고층 아파트 단지가 아니고, 소규모 나 홀로 5층 연립 정도가 공급된다. 1년 안에 뚝딱뚝딱 지을 수 있다. 조그마한 부지만 있어도 무수한 공급이 가능하다.

우리나라에서 오피스텔이 수익성 부동산으로 인기가 좋은 시절이 있었다. 오피스텔 분양이 잘됐을 때 상업지역마다 오피스텔이 무수히 공급되어 실제 입주 시에는 월세를 받지 못해 많은 경우 전세로 임대를 줘야 하는 상황이 발생한다. 오피스텔의 인기가 줄어든 것은 이러한 무차별적인 공급의 영향이 크다. 우리나라는 일본과 달리 이러한 나 홀로 아파트의 인기가 없다. 신축이라고 해도 가격이 상승하는 일이 없다. 나 홀로 아파트는 거의 오피스텔 같은 취급을 받는다. 이런 곳은 전세로는 살지만 매매로 구입하지는 않는다.

우리나라 사람들은 공원과 놀이터, 커뮤니티 환경을 갖춘 대규모 단지형 아파트를 선호하지만, 도시에서 그런 부지를 구하기는 쉽지 않다. 건축 기간도 길어서 이러한 부지를 확보하고 공사 후 입주까지 7~8년은 소요된다. 토지 소유자가 많아서 다수의 이해관계자가 있는 경우에는 10년 이상 소요된다. 아파트 공급의 비탄력성으로 인해서 적절한 공급이 수반되지 않을 때는 아파트 가격이 상승한다.

사람들이 선호하는 서울, 수도권, 지방 대도시에는 이러한 대규모 부지를 얻기가 더욱 어려워지고 있다. 사람들의 수요를 공급이 따라가지 못한다. 아파트는 공장에서 물건 찍어내듯이 공급할 수 있는 재화가 아니다. 적절한 수급의 뒷받침이 되지 않으면 항상 아파트 가격이 폭등한 것이 우리나라 아파트 50년의 역사다. 부동산 시장 참여자는 이러한 시장의 흐름을 이해하고 적절한 수급이 잘되고 있는지 항상 관심을 기울여야 한다.

02

최근 20년간 정부의
각종 부동산 정책들

    정부의 부동산 정책의 기조는 안정이다. 부동산 정책은 주택 가격, 특히 아파트 가격 안정을 정책 목표로 한다. 정부로서는 아파트 가격이 상승하는 것과 하락하는 것 모두 바람직하지 않다. 아파트 가격이 지나치게 상승할 때는 주거 불안으로 민심이 이반할 수 있다. 아파트 가격이 하락하게 되면 주택담보대출을 실행한 금융기관이 부실화되어 금융경색으로 돈줄이 막히는 위험한 상황이 닥칠 수 있다. 따라서 역대 모든 정부는 부동산 가격의 안정화를 목표로 할 수밖에 없었다. 부동산 가격이 지나치게 상승하면 규제책을 내놓고, 하락하면 부양책을 내놓는 식이다.

    김대중 정부 이후 역대 정부 기준으로 보면, 보수 정권이 집권할 때는 아파트값이 소강상태였고, 진보 정권이 집권할 때는 상승 기조였다. 진보 정권에서는 복지 확대로 시중에 돈이 풀리면서 인플레이션으로 인한 자산가격 상승효과를 가져왔고, 보수 정권에서는 건설사 우대정책으로 주택 공급이 활발해 주택가격의 안정을 가져왔다.

김대중 정부 이후 기준으로 보면, IMF 사태와 함께 정권을 인수받은 김대중 정부의 출발 시에는 국가 부도 사태로 주택 건설 경기가 바닥이라서 아파트 가격을 끌어올리기 위한 모든 수단과 정책들이 동원됐다. 건설사들이 부도가 나면서 아파트 공사가 중단되는 곳이 많았고, 건설사와 금융기관의 건전화를 위해서 미분양 아파트에 대한 양도세 면제의 혜택을 주면서 세제 지원을 해줬다.

금 모으기 운동 등 온 국민이 합심해 빠르게 IMF 위기를 극복하면서 경제가 회복되면서 부동산 가격도 회복됐다. 이후 노무현 대통령의 참여정부 때에는 수도권의 버블세븐지역을 중심으로 아파트 가격의 상승 파고가 전국으로 번져갔다. 참여정부에서는 아파트 가격을 잡기 위해서 여러 차례 부동산 대책을 발표했지만, 결국 아파트 가격은 폭등했다.

건설사의 과잉 공급의 여파와 2008년 금융위기를 겪으면서, 이명박 정부에서는 부동산 가격의 침체기를 겪었다. 이명박 정부 당시의 부동산 시장 상황은 수도권은 침체하고, 오히려 지방의 아파트 가격이 상승하는 현상이 발생했다. 지방의 아파트 가격의 상승은 공급 부족이 문제였다. 수도권의 아파트 가격 상승에 집중하느라 지방의 아파트는 노후도가 증가하고, 신규 공급이 적어서 지방의 아파트 가격이 상승했다.

박근혜 정부 들어서 건설 경기의 활성화로 경제위기를 극복하려고 했다. 2013년 8·28대책과 12·3대책, 2014년 9·1대책 등 당시 정부에서 "빚내서 집 사라"는 말을 할 정도로 부동산 시장의 회복에 힘을 기울였다. 드디어 부동산 시장이 활황세를 띠자, 이제는 정부에서 부동산 시장의 안정화 대책을 내놓기 시작했다. 2016년 11·3대책으로 조정대상지역을 지정해 분양권 전매제한, 1순위 제한, 재당첨제한 등 규제를 가하기 시작했다.

부동산 시장은 서서히 달궈지기 시작했고, 2017년 문재인 정부 들어서 아파트 가격이 계속해서 상승했다. 2017년 6·19대책, 8·2대책 등 20여 차례가 넘는 부동산 규제책에도 불구하고, 아파트 가격의 상승은 멈출 줄 몰랐다. 문재인 정부에서 아파트 가격을 잡지 못한 결정적인 이유는, 초기에 대출규제나 양도세 강화 등의 조치를 강하게 못 하고, 단계적으로 강화하면서 시장의 내성을 키운 것이다. 게다가 2017년 12·13대책은 주택임대사업자에게 양도세 중과배제, 종부세 합산배제라는 특혜를 주는 바람에 갭 투자자를 양성해 주택가격의 폭등을 가져왔다. 2018년 9월 21일과 12월 19일에 수도권 주택공급 확대 방안 및 광역교통망 확충으로 직간접적인 공급 효과를 통해서 주택 수요에 대응하는 공급대책을 발표했지만, 시장은 쉽게 진정되지 않았다.

2019년 5월 7일에 제3차 신규택지 추진계획을 발표하면서 수도권에 30만 호 주택공급 방안을 발표했다. 시장이 계속해서 과열되자 2019년 12·16대책으로 강력한 대출규제, 종부세 및 양도세 세율인상, 분양가 상한제 추가 지정 및 임대사업자에 대한 규제가 시작됐다. 2020년 3월 10일에 자금조달계획서 제출대상을 확대(조정대상지역 3억 원, 비규제지역 6억 원 이상)하는 등 부동산 투기에 대해 강력한 대응을 했다.

2020년 5월 6일에는 수도권 주택공급 기반 강화 방안을 발표했다. 공공재개발, 소규모 가로주택 정비사업 등을 통한 공급확대와 기존 수도권 공공택지 내 아파트를 신속 공급하겠다고 했다. 2020년 6·17대책에서는 규제지역에서 2주택 이상 보유세대는 주담대를 금지하고, 조정대상지역의 일시적 2주택자의 종전주택 양도기간을 2년에서 1년으로 단축하고, 자금조달계획서 신고대상을 3억 원으로 확대했다. 2020년 7·10대책으로 2021년 6월부터 양도세를 더욱 중과하고, 취득세에 대한 다주택자 중과규정을 도입해 2주택자는 8%, 3주택자는 12%를 부과했다. 아파트에 대한 주택임대사업자는 폐지해 다주택자에 대한 규제를 더욱 강화했다.

2020년 7월 31일에는 주택 임차인의 계약갱신 청구권이 도입되어 5% 이내에서 재계약이 가능하게 됐다. 기존 임대차계약도 소급 적용되어 임대차계약 만료 시 2년을 더 살 수 있게 됐다. 임차인 보호라는 본래의 취지와 다르게 4년 동안 5%밖에 못 올리게 된 임대인들이 4년 치를 한꺼번에 올리면서 전세가격이 폭등했고, 기존 임차인들은 갱신 청구권을 행사해 눌러앉았지만, 새로 임대차를 구하는 세입자들이 피해를 보는 상황이 발생했다. 폭등한 전세가격은 매매가격을 밀어 올리면서 다시 아파트 매매가격이 상승하는 부작용이 나왔다.

하염없이 집값이 안정되기만 기다리다 지친 30대들까지 가세해서 영끌 투자(영혼까지 끌어서 투자), 빚투(빚내서 투자)라는 신조어를 만들어낼 정도로 부동산 투자 광풍이 불었다. 3기 신도시를 비롯한 대부분 공공택지가 가점제 위주로 청약함에 따라서 점수가 낮은 젊은 층들의 입장에서는 불확실한 청약보다는 기존 주택 매수 대열에 합류했다.

문재인 정부 초기에는 다주택자의 규제에 집중하다가 주택 공급

자료 17. 문재인 정부 부동산 정책

2017년	
6월 19일	주택 시장의 안정적 관리를 위한 선별적·맞춤형 대응반응
8월 2일	실수요 보호와 단기 투기 수요 억제를 통한 주택 시장 안정화 방안
9월 5일	8·2대책 후속 조치
10월 24일	가계부채 종합대책
11월 29일	주거복지 로드맵
12월 13일	임대주택 등록 활성화 방안
2018년	
7월 5일	신혼부부·청년 주거지원 방안
8월 27일	수도권 주택공급 확대 추진 및 투기지역 지정 등을 통한 시장 안정 기조 강화
9월 13일	주택 시장 안정대책
9월 21일	수도권 주택공급 확대방안
12월 19일	2차 수도권 주택공급 계획 및 수도권 광역교통망 개선방안
2019년	
1월 9일	등록 임대주택 관리 강화방안
5월 7일	제3차 신규주택 추진계획
8월 12일	민간택지 분양가상한제 적용기준 개선 추진
10월 1일	부동산 시장 점검 결과 및 보완 방안 (시장 안정대책, 분양가상한제 시행령 개정안 보완방안)
11월 6일	민간택지 분양가상한제 지정
12월 16일	주택 시장 안정화 방안
2020년	
2월 20일	투기 수요 차단을 통한 주택 시장 안정적 관리 기조 강화
5월 6일	수도권 주택공급 기반 강화방안
6월 17일	주택 시장 안정을 위한 관리방안
7월 10일	주택 시장 안정 보완대책
8월 4일	서울권역 등 수도권 주택공급 확대방안
11월 19일	전세대책
12월 16일	규제지역 확대
2021년	
2월 4일	공공주도 3080+, 대도시권 주택공급 획기적 확대방안

출처 : 국토교통부

의 필요성을 인식하고 3기 신도시 공급대책을 발표했지만, 이미 시장의 신뢰를 잃은 정부의 부동산 정책의 효과가 먹히지 않았고, 부동산 시장의 과열 양상은 쉽게 진정되지 못했다.

2021년 7월 1일 이후 주택담보대출에 대한 규제가 강화되어서 조정대상지역에서 15억 원 이하 주택은 4억 원까지만 대출이 가능해졌다. 한국은행의 기준금리 인상에 따라서 주담대 금리가 오르면서 2021년 하반기부터 주택 시장은 소강상태에 빠졌다. 거래 건수가 눈에 띄게 줄어들기 시작했다. 간간이 거래되는 금액은 연일 신고가를 찍었다. 그해 10월까지 약간의 거래가 있었지만, 11월부터는 본격적인 거래 절벽이 시작됐다. 이후 주담대 금리는 4%를 넘나들면서 주택가격이 급락하기 시작했다. 최고가 대비 10% 정도 급매만 거래되는 실정이다. 2022년 5월 10일, 윤석열 정부의 출범 이후 규제 완화를 예고한 주택 시장은 더욱 하향 안정으로 가고 있으며, 코로나 팬데믹으로 인한 양적 완화를 축소하기 위한 금리 인상으로 매수세는 위축되어 부동산 거래는 부진한 편이다.

03
아파트는 화폐다

　우리나라 사람들의 아파트 사랑은 가히 유례가 없다. 개발도상국에서는 단독주택 위주이고, 중진국으로 넘어가는 단계에서는 도시화가 진행되면서 부족한 주거공간을 해결하기 위해서 연립주택이나 아파트 같은 집합건물 위주로 주거 문제를 해결한다. 선진국으로 넘어가는 단계에서는 경제적으로 여유도 생기면서 타운하우스 같은 독립적이면서도 편의성을 갖춘 형태의 주택이 선호된다.

　실제 우리나라에서도 중진국 수준에서는 같은 전철을 밟으면서 도시를 중심으로 아파트를 선호했다. 2000년대 들어와서 우리나라의 소득수준이 중진국을 넘어서 선진국 문턱에 가까이 가면서 주거에 대한 사람들의 인식이 바뀌기 시작했다. 타운하우스나 전원주택에 대한 관심이 높아지면서 아파트 문화는 한계에 다다를 것으로 생각했다. 그 시점에서 우리나라의 아파트는 엄청난 변신을 했다. 단순히 도시미관을 해치는 성냥갑 같은 판상형 아파트에서 타워형 형태로 바뀌고, 복합문화 공간 같은 커뮤니티의 성격을 띤 형태로 진화했다. 지상의 주차장은 모두 지하로 들어가고, 1층은 차가 없이 도보로만 다니는 공원 같은 편안한 곳이 됐다.

교외로 나갔던 사람들이 다시 도시로 돌아왔다. 교외에서 도심으로 출근하기 위해서 길거리에서 버리는 시간 낭비가 만만치 않았다. 또한, 쇼핑이나 문화생활을 위해서 다시 도심으로 들어와야 하는 불편함도 있었다. 4차 산업혁명은 수도권과 대도시 중심으로 일자리를 만들어서 교외에서 통근하는 사람들을 다시 도심으로 불러들였다.

아파트 기능의 진화와 일자리의 변화가 도심에 주거지의 확대를 요구하면서 아파트 가격은 상승하기 시작했다. 이러한 변화의 트렌드를 간파한 사람들은 아파트 갭 투자를 했고, 정부는 원인과 결과를 혼동해 근본 원인에 주목하지 않고 공급에 대한 고민 없이 갭 투자하는 사람들을 투기세력으로 보고 압박을 가했지만, 폭등하는 집값을 잡지 못한 것이다. 고령화와 베이비붐 세대의 은퇴 시작은 아파트 부동산 시장에 커다란 불쏘시개 역할을 했다. 고령화로 60세에 은퇴해도 100세 시대 노후에 대한 불안과 걱정이 부동산 투자로 쏠리게 했다.

우리나라 아파트는 다른 나라와 달리 중산층의 주거 형태다. 총 주택 수에서 아파트가 차지하는 비율은 60%를 웃돌고, 선호하는 주거 형태 중 아파트의 비중은 80~90%에 달한다. 현재 아파트에 거주하지 않는 사람들도 대다수가 아파트에 살고 싶어 한다. 서울, 수도권, 대도시는 말할 것도 없고, 지방의 소도시에 가봐도 신축 아파트 단지가 있는 곳이 부자 동네다. 서민들은 다가구주택과 다세대주택(빌라)에 살고 있다. 빌라는 강남권이라고 해도 가격이 오르지 않는다. 재개발 이슈로 인한 때 외에는 빌라는 투자 가치가 없다고 본다. 나 홀로 아파트나 주거용 오피스텔도 마찬가지로 가격이 오르지 않는다. 대지 지분이 작아서 재개발에 따른 이득을 보기도 어려운 곳이다.

이렇게 아파트가 선호되는 요인은 앞서 설명한 아파트의 기능적인 우수성으로 대표되는 사용가치 외에도 화폐와 같은 교환, 가치 저장의 수단으로 이용되기 때문이다. 단독주택과 달리 아파트는 동일한 단지에서 동일한 평형은 선호되는 동과 층수가 있지만 비슷한 가격대를 형성한다. 로얄동, 로얄층의 가격이 오르면 비선호동, 저층의 가격도 따라서 움직인다. 수백~수천 세대가 단지와 인근 단지로 구성되어 아파트 가격이 표준화 되어 있다. 지하철이나 학군, 편의시설에 따라서 인근지역 아파트의 서열화가 이루어진다.

비선호지역을 제외하고는 아파트는 환금성이 좋다. 이사 철이 아니어도 시세의 5~10% 정도만 낮춰서 급매로 아파트 매물(입주 가능 조건)을 내놓으면 금방 거래가 된다. 단독주택은 시내의 역세권이라고 해도 매수자를 만나기까지 1년 이상 걸리고, 교외의 전원주택이라면 몇 년 전에 구입한 가격보다 한참 낮은 가격으로 거래하려고 해도 쉽지 않다.

아파트는 환금성이 좋아서 화폐 기능을 하고 있다. 진짜 화폐는 인플레이션에 따라서 가치가 하락하는 데 반해 아파트는 가격이 올라서 인플레이션 헤지 기능을 하고 있다. 부동산 침체기를 만나면 아파트 가격이 조정받기도 하는데, 회복기에는 거뜬히 이전의 손해를 만회하고도 남는다. 이러한 투자 수요는 미래세대에 부담을 전가하는 부작용을 낳기도 한다. 아파트 투자하는 사람의 양심에만 호소하기에는 인간의 이기심에 대한 본능을 이해하지 못하는 순진한 생각일 뿐이다.

이러한 상황에서 수도권에 대규모의 아파트 공급이 이루어지지 않는다면, 아파트에 대한 투자 수요는 넘쳐날 것이다. 복지국가가 되어서 노후에 대한 걱정이 없다면 아파트 투자에 관한 관심도 줄어들 것이다. 우리나라는 노인빈곤율이 높고, 노후보장이 미비해 은퇴한 이후에도 경제활동을 계속할 수밖에 없다.

여유가 있는 계층에서는 투자 활동을 통해서 자녀 세대에 부를 물려주려고 하는 것은 이기적 유전자의 관점에서 당연하다. 모든 계층에서 영끌까지 빚내서 투자하는 것이 문제인 것이다. 2035년경이면 가구 수가 감소세로 돌아선다. 가구 수의 감소세는 주택의 수요가 줄어드는 것이다. 그래도 새 아파트에 대한 선호도는 계속될 것으로 보인다. 잘 안 팔리는 주거용 부동산(단독주택, 빌라, 비선호지역 아파트)과 선호하는 지역의 신축 아파트로 주거의 양극화가 심해질 것이다.

아파트가 화폐의 기능을 하게 된 것은 모든 것을 비교하고 서열화하기 좋아하는 우리나라 사람들의 성격에 잘 맞는다. 지나친 경쟁과 빈부 격차의 심화는 아파트가 화폐로서 기능하기 좋은 여건을 갖추고 있다.

04

건설로 경기 부양하는
시절은 끝났다

경기는 상승과 하강을 반복한다. 경기가 항상 좋은 시절만 있을 수는 없다. 경기가 하락하는 것이 항상 나쁜 것만은 아니다. 경기가 바닥을 치고 살아나면서 경쟁력 없는 기업은 도태되고, 건강한 기업만 살아남으면서 사회 전반적으로 새로운 기회가 생기면서 활력이 생긴다. 하지만 경기가 회복될 때 V자 반등을 하면 좋은 시나리오가 예상되지만, L자로 장기침체에 접어들면 백약이 무효인 상태가 된다. 이러한 장기침체 상황을 타개하기 위해서 과거에는 경기가 침체했다 싶으면 건설 경기를 부양해서 전체 경기를 부양하는 정책을 사용했다.

소득수준이 높아지면서 GDP 대비 건설업 비중이 감소하게 된다. 1990년대 후반, 1인당 GDP가 1만 5,000달러를 넘으면서 GDP 대비 건설업 비중이 감소했다. OECD 국가들 모두 동일한 현상을 겪었다. 1990년대 이전에는 건설업이 GDP에서 차지하는 비중이 20%를 웃돌았지만, 2005년 7.6%, 2010년 6.9%, 2018년 4.2%로 급락했다. 서비스업이 60%를 웃돌고, 제조업이 28%에 달한다. 이제는 건설경기를 부양해도 GDP 성장에 크게 기여하지 못하는 산업구조가 됐다. 일자리를 가장 많이 창출하는 분야도 서비스업이고, 건설업은 중장비를 이용한 시공이 많아지면서 많은 인력이 필요하지 않다. 채용되는 인력도 허드렛일은 중국인을 비롯한 동남아 계열의 외국인 노동자로 채워지고 있다.

MB 정부의 4대강 사업 같은 경우 22조 원이라는 천문학적인 예산이 투입됐지만, 토목건설 중장비만 대거 동원되어서 GDP를 상승시키는 파급효과가 별반 크지 못했다. 같은 예산을 복지에 투입할 경우 복지서비스 인력에 대한 수요를 발생시켜서 더 많은 일자리를 만들어낸다. 과거와 같은 인위적인 토목, 건설로 인한 GDP 기여는 무의미하다.

게다가 인구구조의 변화는 주택의 필요성을 줄이고 있다. 2018년에 우리나라 인구수는 최고 정점을 찍고 감소추세에 들어섰다. 2020년 코로나 19 팬데믹으로 더욱 빨리 감소하고 있다. 통계청에서는 2035년경 가구 수는 최고 정점을 찍고 감소할 것으로 보고 있다. 주택의 수요가 가구 수에 의한 것이라고 보면 2035년경에는 더 이상 주택의 신규 수요는 기대하기 힘들고, 건물의 노후화로 인한 교체 수요에 그칠 것이라고 본다.

우리나라는 수출 비중이 높은 나라다. 고도성장기에는 성장의 과실이 골고루 분배되는 편이었다. OECD 국가가 되고 저성장의 시기에 접어들면서 더 이상의 낙수효과는 없고, 빈익빈 부익부의 양극화 구조가 정착되고 있다. 코로나 19 팬데믹 사태에서 제조업이 강한 우리나라는 K-방역으로 위기를 넘기고 있다. 진단 시약 개발,

마스크 생산, 백신의 국내 위탁생산, 치료제 개발 등으로 많은 성과를 내고 있다. 제조업이 강한 나라는 수출에도 유리하다. 반도체를 포함해 수출이 잘되어 위기를 잘 넘기고 있는 것 같다. 다만 이러한 성장의 과실이 상층부에 집중되고 있는 것이 문제다.

대기업은 일자리를 만들어내지 못한다. 반도체 호황으로 단군 이래 최대의 이익을 남기고 있는 삼성그룹도 최근 몇 년간 고용된 총직원의 숫자가 줄어들고 있다. 첨단산업일수록 자동화가 잘되어서 일자리 창출에 기여하고 있지 못하고 있기 때문이다. 제조업이 GDP에서 차지하는 비중이 30% 정도이지만, 고용 규모는 17% 정도다. 서비스업에서 일자리가 많이 창출되고 있다. 서비스업의 취업자 수 비중이 70% 정도다.

고용정보원이 2019년에 '중장기 인력수급전망 2018~2028년'을 발간했다. 2023~2028년 전체 취업자 수 증가율은 0.2% 예상되고, 서비스업이 제조업 대신 경제성장을 이끌어 갈 것이라고 봤다. 제조업 취업자 수의 경우 2028년 457만 5,000명으로, 2023년 (456만 7,000명)에 비해 8,000명이 증가하는 데 그친다. 제조업 취업자 수 증가율은 0.17%다. 서비스업 취업자 수는 2023년 1,995만 9,000명에서 2028년 2,030만 1,000명으로 34만 2,000명이 늘어나고, 이 기간 서비스업 취업자 수 증가율은 연평균 0.3%를 유지할 것으로 나타났다.

고용정보원은 "제조업이 국내외 여건에 따라 성장이 주춤하는 사이 서비스업은 안정적으로 성장할 것으로 예상된다"라면서 "서비스 관련 산업이 제조업과 자리바꿈을 하며 경제성장을 이끌어 갈 것"이라고 내다봤다. 실제로 자본주의가 발달한 선진국일수록 서비스업이 확대되는 경향이 있다. 특히 고령화가 빠르게 진행되면서 서비스업에서 보건업 및 사회복지 서비스업 등 공공서비스 부문은 비교적 많은 취업자가 생길 것으로 예상했다. 2018년부터 2028년까지 사회복지 서비스업에서 33만 3,000명, 보건업에서 29만 2,000명의 취업자가 늘어날 것으로 전망된다.

앞으로는 과거와 같은 인위적인 건설 경기 부양책 같은 것이 나오지 않을 것이다. 향후 미래사회는 4차 산업혁명과 서비스업을 중심으로 재편될 것이다. 다가오는 미래사회를 대비해 준비해야 한다.

8장

부동산 중개 시장의
미래

01

공인중개사는 미래에 없어질 직업 순위 10위 이내다?

영국 옥스퍼드 대학교에서 10~20년 이내에 현재 직업의 절반이 사라진다고 발표했다. 4차 산업혁명으로 촉발되는 5G, 인공지능, 로봇, 자율주행차의 발달로 사람이 할 일이 없어지기 때문이라고 한다. 10년 이내에 없어질 직업으로는 통번역사, 텔레마케터, 편의점 아르바이트생, 모델, 약사, 기자, 은행원, 심판, 요리사, 네일 아티스트, 법률사무소 사무원, 공인중개사라고 한다. 4차 산업혁명의 파고를 공인중개사도 피해 갈 수 없는 것 같다.

국토교통부는 네트워크형 부동산 종합 서비스 기업을 추진했다. 2016년 12월 29일에 개발관리형 2개(대우건설, 코오롱글로벌), 임대관리형 3개(신영에셋, 푸르지오서비스, 메이트플러스) 기업을 선정했다. 2017년 4월 25일에는 거래관리형 5개 기업을 선정했다. 주로 어느 정도 규모가 있는 곳으로 RB 부동산 중개, 에이플러스 부동산 중개, ERA Korea 부동산 중개법인, 한국 부동산 자산관리다.

3가지 유형 중에서 거래관리형은 부동산 중개와 관련이 있다. 거래관리형의 경우 중소 규모 부동산(예 : 아파트, 상가)을 중개해주는 업체가 이사, 법무, 세무, 금융 등 생활서비스를 연계해 제공하는 유형이다. 정부 관계자는 "부동산에 대한 인식이 소유에서 거주로 전환되는 시점에 소비자 눈높이를 맞춘 서비스를 제공할 수 있도록 인증 체제를 관리해 나가겠다"라고 말했다.

2017년 12월 19일에는 부동산의 개발, 이용, 유통 등 전 과정에 걸쳐 수반되는 서비스를 종합 서비스로 제공하는 것을 목표로 하는 부동산서비스산업진흥법(약칭 : 부동산서비스법)이 제정됐다. 현재까지의 소규모 형태로 단순거래 중개만 하는 부동산 중개업을 탈피해 부동산 서비스 전반에 걸쳐서 고객이 원하는 종합 서비스 제공을 지향하고 있다. 종합 부동산 회사에서 주택의 공급과 임대, 거래 중개까지 할 수 있도록 하는 것이다.

정부에서 추진하는 종합 부동산 회사는 일본의 부동산 시장 사례를 적용하려는 것이다. 일본에서는 미쓰이 종합 부동산 회사를 비롯한 여러 대기업이 참여하고 있다. 부동산 중개의 60% 정도를 종합 부동산 회사가 진행하고, 나머지는 개인 공인중개사가 하고 있다. 개인 공인중개사는 변두리의 잘 보이지도 않는 곳에서 영업하고 있다.

정부는 2020년 6월 3일부터 12월 말까지 진행하는 블록체인(Blockchain : 분산저장) 기반의 부동산 거래 플랫폼 구축을 위한 정보화전략사업계획(BPR/ISP) 사업을 착수했고, 2022년부터 3년에 걸친 블록체인 기반 부동산 거래 플랫폼 구축사업 진행을 계획한다. 현재 부동산 거래는 물건소개-계약체결-대출 신청-등기이전순으로 진행되면, 거래 단계별로 공인중개사, 은행, 법무사 등 참여자가 거래에 필요한 부동산 공부를 종이 형태로 발급받아 확인, 제출하는 절차로 이루어지고 있다. 부동산 공부가 종이 문서로 유통됨에 따라 거래 과정에서 공문서 위변조로 인한 범죄 위험에 노출되고 있으며, 특히 코로나 펜데믹으로 비대면 문화가 확산함에 따라 오프라인 중심의 부동산 거래는 시대의 흐름에 맞지 않는다고 판단하고 있다.

'블록체인 기반의 부동산 거래 플랫폼'이 구축되고, 이를 활용해 부동산 매매계약을 진행하게 되면, 거래 대상 물건에 관한 부동산 공부를 각 기관에서 자동으로 실시간 확인 및 검증하게 되어 안전한 부동산 거래를 할 수 있게 된다. 이러한 정부의 계획에 대해 공인중개사들은 종합 부동산 회사를 앞당기려는 것이라며 경계하고 있다.

2017년 주식 상장을 통해 1,550만 달러를 모은 미국의 블록체인 기반 부동산 거래 플랫폼 프로피(propy)는 부동산 매매자와 공인중개사가 서류 작업을 수기 대신 온라인에서 처리할 수 있는 서비스를 내놨다. 2020년 3월, 독일 프롭테크 기업 클릭오운은 독일 부동산에 대한 최초의 암호화폐 서비스를 시작했다. 부동산은 매물 파악, 중개, 매매 등의 거래과정과 수수료 문제로 직접 만나지 않고 비대면으로 투자하기 쉽지 않은 상품이다.

글로벌 부동산 시장을 분석하는 존스랑라살(JLL)리서치는 '2020년 글로벌 부동산 투명도 지수'를 통해 정부가 나서서 부동산에 블록체인 기술을 활용하는 곳이 전 세계에서 31개국이 있다고 전했다. 두바이와 스웨덴은 대표적으로 블록체인 기술을 부동산 시장에 적용하고 있는 곳이다.

2019년 9월에 국토교통부로부터 공식인가를 받은 비영리 사단법인 한국프롭테크 포럼(의장 안성우)은 2022년 가입 업체가 300여 곳을 넘었다. 안성우 의장이 대표로 있는 직방을 비롯해 건축설계, 블록체인, 디벨로퍼, 시공사, 금융업, 통신업, 글로벌 부동산 컨설팅 등 다양한 업종에서 참여하고 있다. 안성우 의장은 "부동산 시장은 각각의 의사결정에 경제적 규모와 파장이 매우 크고, 오프라인 중심으로 산업구조가 워낙 촘촘하게 짜여 있다 보니 타 산업에 비해 변화의 속도가 매우 느리다"라고 했다. 그러면서 "프롭테크 기술을 통해 소비자들이 부동산 관련 의사결정을 할 때 빅데이터를 이용한다면, 더 합리적이고 나은 결정을 할 수 있다. 이로써 소비자들이 겪는 정보의 비대칭 문제를 해결하고 시장을 성숙시킬 수 있다"라고 말했다. 또 "부동산 시장의 고질적 문제로 지적된 공급자 중심의 마인드도, 프롭테크 산업이 성장하면서 소비자 중심 문화로 바뀔 것"이라고 했다.

2017년 정부는 163억 원을 투입해서 세계 최초로 부동산 전자계약시스템을 구축했다. 스마트폰으로 거래당사자 확인을 하고 계약서를 문서로 작성하지 않고, 태블릿 PC나 스마트폰으로 작성해 전자서명을 받아서 실거래신고 또는 확정일자 한꺼번에 받게 하는 것이다. 이처럼 블록체인 기술을 활용한 비대면 거래, 문서 없는 거래가 확대되고 있는 것이 부동산 업계의 현실이다.

02

AR, VR 등 IT 기술의 발달로 부동산 중개는 없어질 것인가?

　MBC 인기 예능프로램인 〈구해줘! 홈즈〉가 있다. 주택을 구하는 의뢰인의 요구에 맞춰서 공인중개사가 매매, 임대 물건을 소개해주면 의뢰인이 선택하는 프로그램이다. 2020년 8월에 방영된 '부천에서 자전거 많은 가족 전셋집 구하기' 편에서 필자가 아파트 전세를 소개해주면서 출연한 적이 있다. 막내 작가가 부동산 물건을 섭외하고, 중간 작가가 물건지에서 공인중개사 소개를 시작으로 연예인이 참여해서 촬영한다. 나중에 의뢰인이 참석해서 스튜디오에서 소개받은 물건의 촬영 영상을 보면서 물건을 선택한다. 연예인들이 꼼꼼하게 집 안 구석구석을 살펴보면서 설명하고, 집 안에서 보이는 외부 전경도 자세하게 화면으로 보여준다. 의뢰인에게 여러 개의 물건을 소개하면 그중에 하나를 선택한다.

　이 방송에서 의뢰인은 필자가 소개한 부동산 물건을 선택하지 않고 다른 물건을 선택했다. 하지만 나중에 필자가 운영하는 부동산 중개업소에 와서 해당 물건은 아니지만, 같은 아파트의 다른 물건으로 계약을 했다. 방송에서는 필자가 소개한 물건이 탈락했지만, 실제는 필자가 소개한 아파트 단지의 다른 물건을 선택했다. 담당 PD에게 물어보니 대부분 의뢰인이 방송 후에 실제 물건을 보고 싶어 한다고 한다.

필자가 계약한 의뢰인도 실제 물건을 보고 다른 선택을 했다. 고객들이 잘 알고 있는 의류, 전자기기, 생활용품 등을 구매하는 것에 비해 훨씬 고가인 최소 몇천만 원에서 몇억 원 이상 되는 부동산 물건을 고를 때는 온라인보다는 오프라인에서 실제 물건을 보고 선택하게 된다. 신차는 카탈로그만 보고 거래를 하는 사람이 있지만, 중고차 거래 시에는 고객이 실제로 타보면서 엔진 성능이나 편의성 등을 보고 결정한다. 부동산 거래 시장도 중고차 거래 시장과 마찬가지로 실제로 와서 보고 의사결정을 하는 레몬마켓 시장이다.

최근 비대면 강화로 온라인 쇼핑이 더욱 발달해서 오프라인 상가들은 침체하고 있다. 부동산 중개 시장도 오프라인보다는 온라인의 중요성이 커지고 있다. 과거에는 사진을 찍어서 물건을 보여주던 형태에서 스마트폰의 발달로 동영상을 찍어서 보여주고 있다. IT 기술이 발달하면서 단순한 동영상만 보여주는 것을 넘어서 360도 VR 영상도 나오고 있다. 카메라가 전후, 좌우, 상하를 가리지 않고 보여준다. 시청자가 원하는 곳으로 돌리면서 볼 수 있으므로 기존의 밋밋한 동영상보다는 실감 나게 보여준다.

서울 고척동에서 현대부동산을 운영하는 박병오 대표는 50대 중반의 여성 공인중개사다. 적지 않은 나이임에도 불구하고 각종 첨단 IT 기기들을 능숙하게 다룬다. 360 VR로 매물을 촬영해 유튜브에 올린다. 고객이 스스로 보고 싶어 하는 곳을 돌려가면서 볼 수 있다. 물건을 접수하면 현장에 가서 물건을 촬영한다. 360 VR 카메라 촬영에 약 15분 정도 소요된다. 물건을 찾는 고객이 방문하면 본인이 가진 물건은 동영상을 먼저 보여준다. 고객이 개략적으로 물건을 파악하면서 보고 싶은 물건을 정해서 본다. 이것저것 다 보여주느라 시간을 낭비하지 않아도 되기 때문에 시간도 절약되고, 고객의 만족도도 올라간다. 그 외에 피보, 메타포트 등 신기술을 도입하는 것을 주저하지 않는다.

박병오 대표는 유튜브의 달인이다. 유튜브로 각종 부동산 정보, 물건 안내 및 실시간 라이브 방송까지 한다. 유튜브를 통해서 줌 클라우드미팅 실시간 상담도 진행한다. 유튜브에 나온 물건을 보면서 고객과 라이브로 줌 클라우드미팅을 통해서 소통하는 것이다. 온라인을 통해서 친숙해진 고객이 믿음을 갖고 거래를 하게 되는 것은 당연지사다.

IT의 발달로 온라인이 오프라인의 영역을 넘보고 있다. 부동산 중개 시장도 온라인의 파고가 높다. 아직은 온라인이 오프라인을 완벽히 대체하고 있지는 않다. 여전히 사람들은 부동산 물건을 실제로 보고 나서 의사결정을 한다. 온라인 영역이 의사결정 과정에서 보조적인 역할을 하면서 영향력이 더 커지고 있는 것은 사실이다. 과거에 부동산 가격 정보를 알기 위해서는 공인중개사에게 물어봐야 했다. KT 전화번호부에 부동산 중개업소 전화번호를 등록하는 것은 필수였다. 전화번호부에서 눈에 띄기 위해서 광고비를 내고 상호와 전화번호 활자를 크게 보이게 하기도 했다. 고객이 원하는 지역의 부동산 물건을 찾기 위해서는 114에 전화를 해서 해당 지역의 부동산 중개업소 전화를 문의해서 통화했다. 부동산 시장에서 공인중개사의 말은 법이고 시장을 좌지우지했다.

인터넷이 일반화되고 네이버가 확인 매물 제도를 도입하면서 부동산 물건의 가격에 대한 정보는 고객이 주도하는 시장이 됐다. 공인중개사는 부동산 물건을 하나 올리기 위해서 1,700원씩 지불하는 네이버 부동산 플랫폼에 돈을 내는 처지로 전락했다. 이제 가격에 대한 주도권은 고객이 쥐고 있다. 정보의 비대칭이 해소되어 공인중개사와 고객은 대등한 위치에서 가격에 대해 논하게 됐다.

부동산 실거래가 신고 제도가 개선되어 계약 후 60일 이내 신고에서 30일로 앞당겨졌다(2020년 2월 21일). 움직이는 시장 가격의 변화를 고객이 곧바로 알 수 있게 됐다. 개인 PC에서 대법원 인터넷 등기소를 통해서 등기사항증명서를 발급받고 있다. 고객의 신분증을 받아서 진위 여부 확인(주민등록증은 ARS 1382, 운전면허증은 교통안전공단 홈페이지)을 통해서 진정한 소유자를 확인할 수 있다. 매매의 경우는 물건 소재지 시, 군, 구청 부동산과에 가서 당사자 중 일방이 직접 계약서를 가지고 실거래 신고를 한다.

잔금 시에는 본인 소유 통장 계좌로 잔금을 보낸다. 매도자가 대출이 있는 경우에는 대출원금과 이자를 확인해서 매도자의 대출은행의 상환계좌로 입금하고, 나머지 금액만 매도자가 원하는 계좌로 송금한다. 소유권 이전등기는 나 홀로 등기를 이용해서 발품 팔아서 관공서를 다니면 해결이 된다. 또는 매수자가 대출받는다면 대출은행을 통해서 근저당 설정 시 이전등기까지 부탁하면 된다. 전월세는 더 간단하다. 소유자 확인 후 잔금만 치르면 된다. 이러한 부동산 거래 과정에서 약간의 부동산 거래 관련 지식만 있다면, 공인중개사가 없어도 충분히 직거래를 할 수 있다.

2020년 '정부에서 공인중개사 없는 부동산 거래를 추진하고 있다'라는 기사가 나와서 공인중개사들이 집단으로 반발했다. 정부는 부동산 직거래를 추진하지 않는다고 무마시켰지만, 온라인과 IT의 발달로 직거래를 가능하게 하는 환경이 조성되고 있다. 앞과 같은 직거래의 과정에서 가장 문제가 되는 것은 물건을 보여줄 때 범죄의 위험에 노출된다는 것이다. 원룸, 오피스텔 월세의 경우 직거래를 이용하다가 범죄가 발생하곤 한다. 원룸, 오피스텔 같은 경우 부동산 물건은 임장 문제만 해결된다면 부동산 직거래도 불가능하지 않다.

고객이 공인중개사에게 요구하는 서비스는, 우선은 고객이 일일이 물건을 찾지 않아도 고객이 원하는 물건을 탐색해서 보여주고 최적의 물건을 찾아주는 것이다. 다음으로는 안전하게 고객에게 명도될 때까지 모든 법적, 금융적 문제를 도와주는 것이다. 이러한 일련의 서비스 과정에서 공인중개사를 완전히 배제하고, 고객이 직거래하게 될 것 같지는 않다. 다만 공인중개사가 신뢰를 주지 못한다면, 고객은 스스로 물건을 찾아서 직거래하게 될 것이다. 동네에서 개인 브랜드 제과점이 없어지고 대기업 프랜차이즈 제과점만 살아남듯이 공인중개사 업계도 개인 사업자보다는 가맹점이나 법인 사업자 같은 규모 있는 형태를 선호하게 될 것이다.

IT 기술의 발달이 부동산 중개를 없애지는 못하지만, 부동산 중개의 형태를 변화시킬 것이다. 주먹구구식의 부동산 중개업소 운영보다는 체계적인 모습을 띠는 부동산 중개로 발전할 것이다. 과거와 같이 단순히 물건 접수해서 고객이 찾아오면 물건을 보여주고 계약하는 형태의 부동산 중개는 도태될 것이다. IT에 익숙한 고객이 늘어나는 현실에서 첨단기술로 고객에게 어필하는 것이 필수가 됐다.

03
종합 부동산 회사와
프롭테크 기업

　종합 부동산 회사는 부동산 중개 및 이를 알선하는 사업과 금융, 주거 및 생활에 필요한 서비스를 제공, 개발해 디벨로퍼의 역할을 할 수 있는 회사를 말한다. 이미 일본에서는 버블 붕괴와 저출산, 고령화 등으로 부동산 시장이 성숙화 단계로 전환된 1990년대부터 주목받은 기업 유형이다. 종합 부동산 회사는 건설보다는 임대, 관리, 유통에 대한 중요성이 높아지는 패러다임 변화에 맞춰서 2000년대 일본 부동산 산업을 주도했다. 정부에서는 2014년부터 부동산 관련 서비스를 일괄 제공하는 종합 부동산 회사의 출범을 추진하면서 소규모 자영업자들이 영위하는 골목상권 업무영역 침해라고 공인중개사들과 임대관리업자들이 거세게 반발했다.

　2017년에 국내 부동산 산업의 경쟁력 강화를 명목으로 부동산 서비스 진흥 법안이 국회에서 통과되면서 종합 부동산 서비스 영역을 기획, 개발, 임대, 관리, 중개, 평가, 자금조달, 정보제공 등으로 구분했다.

기업들은 부동산 서비스를 위한 플랫폼을 개발하고 금융, 세무, 이사, 청소, 인테리어 등 영역을 추가하고 더 세분화했으며, KT에스테이트, 신영에셋, 하나자산신탁, HDC 현대산업개발, 자이S&D 등이 종합 부동산 기업으로 거듭나고 있다. 대신증권, KB부동산신탁, 하나자산신탁, 신한금융지주 등 금융지주사들도 부동산 신탁 및 개발, 관리, 처분 등을 위탁받아 처리하는 부동산 산업에 진입하고 있다.

KT에스테이트는 KT의 자회사로 비주거용 건물의 개발, 공급, 임대, 주차장 운영, 소방공사, 전기공사 등의 업무를 하고 있다. 신영에셋은 국내 오피스 빌딩의 매입/매각, 투자 자문, 리테일/밸류애드, 임대차, 리서치 업무를 하는 부동산 종합 서비스를 제공하는 회사다.

하나자산신탁은 1999년에 설립됐으며 2004년 신탁업 인가를 받고, 2010년 하나금융그룹에 소속됐다. 하나자산신탁은 부동산 토털서비스를 제공하는 종합 부동산 회사를 지향하고 있다. 주요 업무 분야는 담보신탁, 대리사무, 분양관리신탁, 토지신탁, 관리신탁, 처분신탁, PFV, 부동산 컨설팅, 중개, REITs 등이다.

HDC 현대산업개발은 한국도시개발과 한라건설이 합병해 1986년에 탄생했다. 주력 부문인 주택 부문에서 I'PARK 브랜드 파워를 바탕으로 자체 분양사업, 재개발, 재건축, 민간개발형 도급사업, 국내 SOC 등을 수주하면서 업계 상위권의 시장 지위를 유지하는 종합건설 업체다. 자이S&D는 GS건설의 계열사로 2018년 주택개발사업을 본격적으로 개시해 현재는 주택개발, 주거용 부동산 운영, 하우징 및 스마트홈에 이르는 종합 부동산 서비스 밸류체인을 구축

했다. 자이 S&D는 2019년에 KOSPI에 상장하기도 했다.

대기업을 등에 업고 막대한 자금력과 인력을 가진 종합 부동산 회사가 골목상권인 부동산 중개 시장을 넘본다면, 개인 사업자 위주인 10만여 명의 개업 공인중개사가 도태되는 것은 시간문제다. 골목상권 침해 논란으로 종합 부동산 회사로의 방향이 여의찮아 보이자 네트워크형 부동산 종합 서비스 기업을 선정해 개인 공인중개사를 압박하고 있다. 아직은 찻잔 속의 태풍 같은 상황이지만, IT의 발달에 따른 공인중개사 없는 부동산 거래를 지속해서 추진하고 있는 정부의 태도는 프롭테크 기업의 이해와 닿아 있는 상황이다.

프롭테크 기업은 최근 직접 부동산 중개에 나서고 있다. 2021년 상반기에 직방 자회사 슈가힐은 '네모 부동산 중개법인'을 만들어 '네모' 플랫폼에 다량의 매물을 등록하고 상가, 사무실 등 상업용 부동산을 전문으로 직접 중개를 시작했다. 직방 안성우 대표는 2020년에 인수한 인프라플러스의 '부동산 다이어트'라는 플랫폼을 이용해 직접 중개하겠다고 선언했다(2021년 6월 15일). 지금까지 시세 정보를 제공하는 '온라인 광고판'에서 아파트를 파는 '이커머스 플랫폼'이 되겠다는 의미다.

이를 위해서 '온택트 파트너스'가 되려는 개업 공인중개사는 직방이 제공하는 교육을 이수해야 한다. 2주에서 1~2개월짜리 코스로 동영상 제작방법, 지역에 대한 교육을 이수시킨다. 직방은 초기 창업 비용을 지원하고 연간 5,000만 원 수익을 보장한다. 공인중개사를 유튜버로 활용해서 라이브커머스(실시간 판매방송) 하듯이 아파트를 직방 앱에서 3D로 보여준다. 해당 매물을 클릭하면 내부를 VR로 둘러보고 시간대별 일조량도 확인할 수 있다. 직방은 파트너

십을 맺은 공인중개사들과 고객들을 연결하고, 부동산 계약 시 공동 날인을 해 계약 내용에 직접적인 책임을 지고, 공인중개사들과 중개 보수를 절반씩 나누게 된다. 3만여 개에 달하는 아파트 전문 중개업소를 타깃으로 한다. 막대한 자금력을 바탕으로 직방은 100억 원 상당의 보증보험도 가입해 사고 발생 시 인정되는 소비자 피해액 전부를 보상하겠다고 한다.

직방은 지금까지 실거래가 시세정보를 제공하는 '호갱노노'를 비롯해 임대관리사업을 하는 '로프트 PMC', '네모'를 운영하는 슈가힐, 부동산 통합정보 서비스 '디스코', 셰어하우스 서비스 '우주', VR 기술기업 '규빅스' 등 다양한 부동산 관련 프롭테크 기업들의 지분을 취득한 데 이어 아파트 중개 시장에 뛰어들어 추가적인 포트폴리오 강화를 한 것이다. 그 외에도 카카오에서 운영하는 회사도 인수해 본격적으로 아파트 관리 시장에 뛰어들었다. 아파트 관리를 통해서 주민들과 친숙해진 후에 아파트 거래 중개 시장에서 시너지 효과를 노리겠다는 것이다.

다방은 2021년 6월에 전자계약서비스를 출시했다. 공동 중개 방식으로 기존 오프라인 공인중개사와 원원하는 직접 중개서비스를 내놨다. 집토스는 직영 부동산 방식으로 앱을 확대, 부동산 직접 중개 서비스를 키우려고 한다. 한국공인중개사협회를 비롯한 부동산 중개업계는 크게 반발하고 있다. 플랫폼 사업자가 직접 중개하지 않는다는 명목으로 수많은 부동산 중개업소 매물 정보를 공유해왔는데, 직접 부동산 중개에 뛰어드는 것은 최소한의 상도의를 저버린 것이다.

한국공인중개사협회 관계자는 "직방 등 부동산 플랫폼 사업자가 중개행위를 하게 되면, 결국 자신들이 유치한 매물을 앱 화면에 가장 돋보이는 자리에 올려놓고 영업하겠다는 것"이라며, "이는 플랫폼 사업자의 우월적 지위를 이용한 불공정 거래 행위로, 수익이 나면 기존 오프라인 사업자들은 설 자리가 없게 된다"라고 말했다. 이처럼 모든 산업의 디지털 전환이 가속하는 가운데, 온오프라인 연계(O2O) 플랫폼 업계와 전통 사업자 간 충돌이 반복되고 있다.

플랫폼 업체가 직접 사업에 뛰어드는 사례는 카카오 택시도 동일하다. 택시와 고객을 연결해주는 플랫폼 업체인 카카오가 가맹사업을 통해 16,000여 대의 택시를 운영하고 있다.

전통 산업 고도화 과정에서 새로운 사업자와 전통 산업 간 충돌은 불가피한 면이 있다. 고객이 원하는 가치와 글로벌 트렌드에 맞게 산업 전반의 고도화가 되는 것은 자연스러운 과정이다. 이러한 변화의 시대에 온라인을 강화하고 역량을 키워가는 노력과 고객에 대한 서비스를 체계적으로 제공하려는 노력을 기울이지 않으면 도태될 수밖에 없는 것이 현실이다.

04

따뜻한 부동산 중개는
미래에도 성공한다

기술의 발달로 부동산 중개는 AI가 대신할 것이라고 말하는 사람들이 있다. 부동산 시장이 매도 위주의 시장이라면, 경매 부치듯이 이 물건을 얼마에 매매하겠냐고 물어봐서 최고 가격을 쓰는 사람이 낙찰될 것이다. 반대로 매수 위주의 시장이라면 최저 가격을 쓴 사람이 낙찰될 것이다. 이런 식으로 가격만 가지고 움직인다면 공인중개사 없이 직거래도 가능할 것 같다. 온라인 결제처럼 안심 거래로 결제한다면 문제없이 될 것 같다. 몇만 원 하는 옷을 구매한다면 부담 없이 비대면으로 온라인 거래를 한다. 하지만 몇십만 원 하는 양복을 살 때는 매장에 가서 입어보고 산다. 최소 몇억 원 하는 부동산을 법률적 지식이 없는 개인들이 직거래한다는 것은 쉽지 않은 일이다.

몇 년 전에 부동산 매매 시 이전등기를 법무사를 거치지 않고 셀프등기하는 경우가 종종 있었다. 본인들이 하면 법무사 비용 몇십만 원을 아낄 수 있겠지만, 일일이 관공서에 쫓아다니면서 일 처리하는 것은 그리 경제적인 일은 아니다. 몇억 원이나 몇십억 원 하는 부동산을 매매하면서 고작 몇십만 원 아끼자고 본인이 발품 파는 것은 비경제적이다. 부동산 거래의 전문성이 없는 개인이 생전 보지도 못한 매도용 인감증명서, 등기권리증을 확인하고, 10여 장의 등기이전 서류에 도장을 찍어 가는 일이 쉬운 일은 아니다. 가끔은 셀프등기를 하겠다고 하는 사람들이 준비를 제대로 못 해와서 잔금 진행에 어려움을 겪는 일도 생긴다.

공인중개사 없는 직거래도 마찬가지로 쉽지 않은 일이다. 집을 보여줄 때 범죄의 위험도 있고, 서로 다툼이 있을 때 중간에서 조정 역할을 해주는 사람이 없으면 부동산 거래가 쉽지 않다. 과거보다는 많은 정보를 가지고 있는 개인들은 첨단 IT를 이용해 공인중개사 못지않은 가격과 시장 정보를 가지고 있다. 하지만, 개인들은 부동산 관련 법이나 부동산 상거래 관행에 익숙하지 않기 때문에 직접 거래까지 진행하지 못한다. 공인중개사의 도움이 필요하다. 이때, 고객의 눈높이에서 고객의 욕구를 충족시켜줄 수 있는 공인중개사가 성공할 수 있다.

과거에는 좋은 위치에 부동산 중개업소를 열어서 부동산 물건만 가지고 있으면 거래를 성사할 수 있었다. 지금의 고객들은 이미 부동산 물건의 정보를 인터넷이나 스마트폰을 이용해서 사전에 알고 온다. 본인들이 보고 싶은 것만 보고, 다른 부동산 중개업소에 가서 다른 물건을 보고 하는 식이다. 과거처럼 본인 기준으로 고객을 응대하다가는 깡통 차기 십상이다. 고객의 욕구를 파악해서 고객에게 정성을 다하면서 고객의 신뢰를 얻어야 최종 클로징까지 할 수 있다.

고객의 욕구를 충족시키지 못하는 공인중개사들은 도태된다. 고객의 요구를 듣고 고객 만족을 위해서 노력하는 공인중개사들은 4차 산업혁명의 파고를 넘어서 생존할 수 있을 것이다. 공급자 위주의 생각을 버리고 고객 위주의 따뜻한 마음으로 대한다면 성공하는 공인중개사가 될 수 있을 것이다.

생각하는 공인중개사가 생존한다!

초판 1쇄 2022년 8월 30일
초판 2쇄 2022년 9월 8일

지은이 김의섭
펴낸이 서정희   **펴낸곳** 매경출판㈜
기획제작 ㈜두드림미디어
책임편집 배성분   **디자인** 노경녀 n1004n@hanmail.net
마케팅 김익겸, 한동우, 장하라

매경출판㈜
등록 2003년 4월 24일(No. 2-3759)
주소 (04557) 서울특별시 중구 충무로 2(필동 1가) 매일경제 별관 2층 매경출판㈜
홈페이지 www.mkbook.co.kr
전화 02)333-3577
이메일 dodreamedia@naver.com(원고 투고 및 출판 관련 문의)
인쇄·제본 ㈜M-print 031)8071-0961
ISBN 979-11-6484-448-7 (03320)

📍 부동산 도서 목록 📍

'발칙한 발상'이
부동산 성공 투자를
부른다
토지, 상가의 성공 투자법

가로주택정비사업 사례와 2017년
재개발·재건축의
모든 것

당신의 경제 탈출구가 담겨줄
미니
이기는
부동산 경매의
비밀

종부세
핵폭탄 대비하는
완벽 솔루션

신방수 세무사의
이제 부동산 세금을 알아야
주택 보유&
처분
할 수 있는
시대다

투자 전, 꼭 알아야 하는
상가임대차법

Real Estate Auction
부동산 경매,
초보에서
탈출하라

우대편의 내 집 마련 콘서트
초규제 시대,
부동산 투자의 정석

신방수 세무사의
2021
확 바뀐
부동산
세금
완전 분석

돈이 되는 부동산
vs
돌이 되는 부동산

신방수 세무사의
양도
소득세
완전
분석

사례로 풀어보는
지분경매
지분경매 해결 TWO 기둥
= 소송 + 협상

신방수 세무사의
부동산 거래 전에
자금출처
준비하라!

부동산 관리도
경영의 시대

종합관리 실무 전문가와 부동산 학과 교수가 함께 쓴
부동산 관리와
종합서비스

신방수 세무사의
상속분쟁 예방과
상속
증여
절세 비법

길 좌장도 돈 버는
세어하우스
SHARE
HOUSE

장사 부동산 전문가 김패가 들려주는
내 생애 짜릿한
대박 상가
투자법

신방수 세무사의
주택임대사업자
등록과
절세 비법

나는 장애를 딛고
부동산 경매로
성공했다

불황에도 매출 10배 올리는
상위
1%
공인
중개사의
마케팅
비법

GTX 시대, 부동산 투자 비법은 따로 있다!
아파트는 살고
땅은 사라

토지 투자의 블루오션 전략이 왔다
도전자의 '대한민국 1%'만 아는
실전 토지 투자 종합 바이블 탄생!

부동산 투자로 시작하고 전체 자산관리에 딱 실전 기술
부동산
상식을
돈으로
바꾸는 방법

해외 부동산 투자,
나는 말레이시아로
간다

MALAYSIA

투자자에게 알려주고 싶은 부동산 블루오션

당신도 건물주가 될 수 있다!
원룸
마스터

원룸으로
공무원의 삶을 누려라!

부동산 투자자,
계약자가 꼭 알아야 하는
부동산
실무 法
용어사전
1,000

부동산 거래의 핵심 단어 1,000개

부자가 되기 위한 세밀한 재테크팁
부자로 환승하라
머니트레인

부동산 투자, 이제는 지하철이 핵심이다!

부동산 투자
인사이트

그는 어떻게
부동산
1인 창업으로
10억을
벌었을까?

부동산 투자자의 숨겨진 진실!

일세컨드 이상의 세무사의
절세의 모든 기술
부동산 법인에 있다!

바로 넘쳐도 지갑 빵빵하진 설세와 수
부동산 절반의 눈 Z

공실, 연체, 비용 평균관리비에서 자유로운
돈 버는
주택임대
관리기법

주택임대수익관리법!
복잡하던 관리업무가 간편해졌다!

10%대 수익률을 위한
최고의 부동산 재테크
P2P
투자의
정석

부
동산으로 이룬
지
꿈 유의

잘 키운 아파트,
직장인 한 사람 유능다!

아파트 경매,
지역분석이 먼저다!

대박 친
빌딩 투자의
비밀

실전빌딩의 최상의 조건과
청매도 입지, 정보, 입지, 상매도 입지비다

부자가 되기 위한 부동산 요리법
정준환의
부동산
레시피

요리를 하는 것처럼
부동산에 막숙해지자관

초보를 위한 취업과 창업 완벽 가이드
잘나가는
공인중개사의
비밀노트

한 권으로 정리한 단기 속성 실무전략

新
명품 토지
중개 실무

다양한 사례와 함께 살펴보는 실무 노하우

실패 없는 부동산 관리의
돈 길 따라가는
부동산 투자

부동산 세무 가이드북
부동산
세무
Real estate
Tax
Guide Book
가이드북
실전편

2019
최신개정 반영
완전개정판

돈 되는 부동산은 따로 있다

부동산 투자, 아파트형 공장이 틈새다

월세 부자 레시피

新 부동산 공매 가이드북

기막힌 부동산 절세의 비밀

부동산 매매임대사업자 세무 가이드북 실전편

나는 부동산 투자로 파산자에서 100억 부자가 되었다

지분경매, 공유지분, 독점경매

이것이 진짜 성공 경매다

결혼은 선택이지만 부동산 투자는 필수다

헌집 살래 새집 살래

부자 되는 주택 임대사업

돈 버는 공인중개사는 따로 있다…

시장을 이기는 정책은 없다

전세가를 알면 부동산 투자가 보인다

부동산 거래와 판례

스타들의 부동산 재테크

지분 경매로 토지 개발업자 되기

부동산 재테크 역세권이 답이다

세무조사 대비의 모든 것

향후 5년 부동산 정책 핵심 공략
문재인 시대
부동산 트렌드

서울시 공정경제과 주무관이 알려주는
상가임대차
분쟁 솔루션

주택 연출가
무조건 따라하기

커피 한 잔 값으로
초대형 오피스 주인 되기
리츠
월리어답터

고수익을 안겨주는   블루오션 토지 경매
신의 한 수
금맥
경매

주택
아파트
세무 가이드북
실전편

권리분석
완전정복으로
10년 안에
10억 벌기

고수가 알려주는 돈 되는 땅 투자의 모든 것
대한민국을
움직이는
땅 투자 법칙 100

토지 투자 전문가 박흐로의 실전 부동산 투자 노하우
땅투자
10단계 절대불변 의 법칙

흔한 직장인의 흔하지 않은 투잡 경매 성공기
돈의 보감
평범한 샐러리맨, 투잡 경매로
5년에 10억 벌다

나는 갭 투자로
300채 집주인이
되었다

토지
세무
가이드북
실전편

부동산 갭 공매, 분양, 입찰, 애새를 통한
新 상가
투자
보물
찾기

상가
세무
가이드북
실전편

NPL
가격 산정의 비밀

응답하라!!
위기의
부동산

나는
토지 경매로
금맥을 캔다

토지보상경매
실전활용

세무조사
실무
가이드북
실전편

실전
경매·공매·NPL
교과서

경기가 어려울수록
경매·공매·NPL이 대세다!

야생화의
기초 경매

자산을
불링불링 키우는
포인트 경매

국토도시계획을 알아야
부동산 투자가 보인다

부동산의 숨어 있는 가치를 발견하라
불패의
부동산
36계 전략

GLOBAL
REAL ESTATE
해외 부동산
투자&개발 바이블

당신만 모르는
부동산 투자
불변의 법칙

부동산 경매
대법원 판례집

유치권
깨트리는 法
지키는 法

新
부동산
경매
바이블

울보멘토
야생화의
경매이야기

Perfect
퍼펙트
경매

NPL
투자분석과
계약실무

NPL
랭킹업
투자비법

REAL ESTATE
RICHES
부동산 부자들

손품 팔아
부동산
보물찾기
블로그 마케팅 편

NPL의
定石

지지않는
권리분석 vs
이기는
명도

기관투자자만 아는
부동산 투자 운영
매뉴얼

경매
학교종이
어서
모여라!

(주)두드림미디어   카페 https://cafe.naver.com/dodreamedia
Tel. 02-333-3577   E-mail. dodreamedia@naver.com